GAME ON!

GAME ON!

GAME ON!
周思齊
的九局下半

周思齊——著
周汶昊——文字整理
Wen-hao Winston Chou

目錄

推薦序

努力追夢、持續學習，人生才有無數可能

中國信託慈善基金會董事長　辜仲諒

幾年前，我和中國信託慈善基金會同仁一起去南投縣新街國小陪小朋友打棒球。當時我問一個孩子：「你長大以後想當職棒選手嗎？」他安靜了好久才說：「我只希望我阿嬤活久一點。」我很震撼，那時我才發現台灣有許多資源不足的家庭和孩童，而棒球，或許是他們翻轉人生的機會。

於是，我專注於慈善公益活動，幫助偏鄉孩子兼顧打球和學業，中信兄弟球

員也一起投入，啟動愛的循環。對職棒球員來說，私人時間不多，除了比賽就是訓練，卻有許多球員願意投入公益，思齊就是其中一位。這幾年，思齊參與許多公益活動，像是「臺灣夢──兒少社區陪伴扎根計畫」、「閱讀全壘打」、「愛接棒計畫」等，我能感受到思齊是打從心底願意為這些孩子們付出。

我常提醒喜歡打棒球的孩子們，念書能讓人生有更多可能，我也很注重孩子品格的發展，思齊在二〇一四年成立「台灣球芽棒球發展協會」，同樣重視孩子的基礎教育與品德，資助學業與球技兼顧的孩子。思齊如此重視孩子的學習、閱讀與品格養成，想必與自己這些年來的經歷有很大關係，我樂見愈來愈多的運動選手，願意以自身經驗提醒孩子們學習的重要。

透過這本《GAME ON! 周思齊的九局下半》，我看到思齊小時候剛接觸棒球的懵懂、進入高苑工商後的挫敗與堅持，進入職棒後他更清楚規劃自己的未來，並努力投入公益，書中有許多思齊從未分享過的小故事，讓我相當感動，希望大家在看這本書的時候，更能感受到棒球場上奮戰到底、永不放棄、團結一致和重視榮譽的精神，努力追夢，為自己的人生轟出全壘打。

推薦序

以行動展現對棒球的堅定信仰

國立成功大學歷史學系副教授、《臺灣棒球一百年》作者　謝仕淵

我是一位以台灣棒球歷史為題的歷史研究者，過去二十年來，我常有機會訪談棒球界的前輩，他們當中已有許多人作古，但在言談中，他們引領我看見的那個時代，以及棒球對於人生的影響與形塑，卻讓我至今依舊著迷。

而當那個時代已成為過往，或者是因為我對過去的歷史已有了更清楚的認識，前輩們告訴我的話，至今依舊深刻的，反而是棒球給他們的考驗、對他們人

生的影響，以及他們如何回應，並且意識到身為備受矚目的棒球人的公共責任等問題。

後來，我很少在年輕一輩的棒球人中，聽到類似的話，但周思齊就是那少數人中的一位。

對一個可以出版自己的書的職棒選手而言，球場上的一切，都必須禁得起考驗。這本書的多數篇幅，也都是依偎在棒球與周思齊這樣的命題中而開展，許多情節，周思齊的球迷或許知道的比我多，我就不再贅述。

我想談一件少人知道，但卻是我跟他之間最大交集的一件事。我跟周思齊認識不過是五年多來的事，他來參觀並出席我策畫的棒球展的活動，我說起棒球，他則談起自己閱讀歷史類書籍的心得，我也是在那時得知，他正在探索自己的族群身分、部落的棒球傳統，那是出於想要釐清棒球與台灣原住民之間，存在著何種糾葛的提問。

從那次開始，我們斷斷續續地利用社群媒體溝通，我給了他部落前輩在日治時期到日本打球的線索，他則說了許多棒球在部落傳承的歷史，讓我看了他四處蒐集與部落棒球歷史有關的線索。後來他說想要讀研究所，就以在日本時代到日本打球的阿美族原住民為題目。從我認識他的第一天起，我清楚這件事始終會來，只是早晚（後來他真的考取了國立台灣師範大學臺灣史研究所）。

周思齊說起原住民棒球的過往，常認為過去的經歷很酷。但我知道周思齊覺得自己的族群身分、部落傳承的責任，只有自己先弄懂，才能讓原住民棒球選手不僅只是一種族群身分的識別，周思齊的行動，讓自己成為聯繫歷史、生產認同的行動者，憑添原住民棒球文化深度與厚度，豐富台灣棒球的DNA。我認識的周思齊，還是一個透過球芽計畫培育下一代棒球人的推手。我認識的周思齊，是個對了解過去有責任感、對未來有方向感的人。在這本書中，周思齊藉著親自書寫的樸素文字，正在告訴我們這件事。

我們已經在涉賭打假球陰影籠罩中，看見周思齊對於棒球的堅定信仰，我的簡單分享，希望能讓大家看見另一個周思齊。我很希望我還能夠認識第二個、第三個、更多像周思齊這樣的人……，棒球選手在台灣，或許才能成為一個被社會所尊重、所仰慕的職業身分。

推薦序

遇見正能量，一路見賢思齊

作家、飛碟電台《夜光家族》主持人　光禹

大概只有他，會把PTT鄉民在他球打得不好時刻意酸他叫「甩恩齋」的名字，反其道而行，設計出自己的專屬潮牌和「甩帽」，把負面的嘲諷，轉變成正面思維。

當我第一次訪問周思齊，就感覺他充滿正能量，不僅言行正派、想法正向，個性更是溫暖陽光。另外，我還感覺他的思路清晰、EQ超好。之後，曾相約吃飯，也經過幾次訪問，三不五時電話聊天，我愈來愈覺得他的正能量充滿了智慧，很會思考人生、思考夢想、思考棒球。

而這本書，雖不是他的傳記，他卻深刻記錄了自己棒球生涯彎折曲迴的心路歷程和軌跡，文字間充滿了真摯情感、思考的力量，正能量滿載。

他談夢想的起步和追求，讓人熱血沸騰。

也談夢想的挫折和迷惘，赤子之心，躍然於紙上。

他坦率剖析，自己曾有的侷限和困境，也認真檢視，棒球曾給他的痛苦與試煉。

我像偷窺了他一篇篇棒球人生的心靈日記，感動異常。

尤其當他描述前輩王光輝引退之時，他哭了，我也哭了，看到他挺過黑道挾持、無法打球的暗黑時光，我也熱淚盈眶。

這是一本自謙平凡之材的運動員，一路努力見賢思齊、永不放棄夢想的深情告白。書寫了一個英雄的誕生，需要多大的勇氣和堅持，更記錄了一個運動家的養成，有多少自我思辨和感恩。

周思齊有多認真看待他的職棒夢想，從他在球季間投注在自主訓練所花的時間、精神和金錢一點都不手軟，就可以看得出來。因為，他都會聘請教練強化、維持自己的體能、技能不怠。

我們曾有多次通話，就在他受訓時的空檔。

我曾開玩笑說，好不容易球季中間有喘息時間，而且每次球季開打前也都有團體集訓，為什麼不先好好休息，還要高價買累受罪咧？

他很認真地告訴我說，這是他應該做的基本功和自我要求，許多職棒前輩、達人不知比他嚴苛多少倍。

另外，從他用心投入球芽基金，事必躬親，努力推動偏鄉孩童的棒球夢，更可以看出他的夢想之路不是只想到成就自己，也包含成就別人和傳承夢想的延續。

他說，他看著每位獎學金得主的故事，好像看見自己過去的模樣，每個堅持追逐夢想的小小心靈，都值得被鼓勵、被提攜，有一天才能發光發亮。

從周思齊身上，我親眼看見，棒球給了他永不放棄、知足感恩的力量。但他還是謙虛地說，三十七歲的他，正在九局下半，奮力拚搏這最後的關鍵時刻。

甩哥，還沒啦！延長賽還要戰到幾局還不知道咧。

鈴木一朗說要打到五十歲，你還早啦！

而且，我知道，關於棒球，你能做的、你想做的，還有好多。

請你繼續做著，因夢想而偉大的周董，好嗎？

讓人可以繼續見賢思齊，一起為棒球，繼續努力。

引言

九局下半，通常是發生在棒球比賽的最後半局，一旦我們要在九局下半上來打擊，就代表我們不是被追平，就是還在落後。

在九局下半上來打擊的壓力很大。如果是平手，即使得分也不知道等一下對手會不會比我們攻下更多分，好像無論得多少分都怕不夠。如果是落後，面對即將結束的比賽，勝利看似已經沒有希望，想得一分都好像登天一樣困難。

在這樣的壓力下，該如何打出關鍵一擊？

人生就像棒球，沒有一定的時間和長短，規則上來說，只要第二十七個出局數還沒有出現，落後的一方永遠可以把比賽延續下去。只要還沒放棄，即使落後，人生就可以繼續走下去。

從這個角度來說，九局下半對人生來說，其實代表的是一個時間，也是一個時機，也是一個心境。這也讓人生的每一個時刻，都可能是我們自己要面對的九局下半，一旦錯過了就沒有了，不反擊就結束了，不成功就再見了。

我們總是難免會背負著這樣的壓力，無論是在棒球場或是人生賽場上都一樣。我們的人生有很多想要追逐的目標，也因此得要和很多不同的人競爭。人生中的每一場競逐，就成了我們在人生賽場上的比賽，無論我們追求的目標是成為班上的第一名，還是在眾多的求職者當中搶下工作機會，或是追求眾人心儀的另一半，在這每一場的競逐當中，你都有可能領先、平手或是落後。

從這一個角度來看，比賽是永遠打不完的，人生一直都有無窮無盡的九局下半，所以，我們最好從現在就開始準備。

打開這本書，也可以是你準備上場前的第一步。

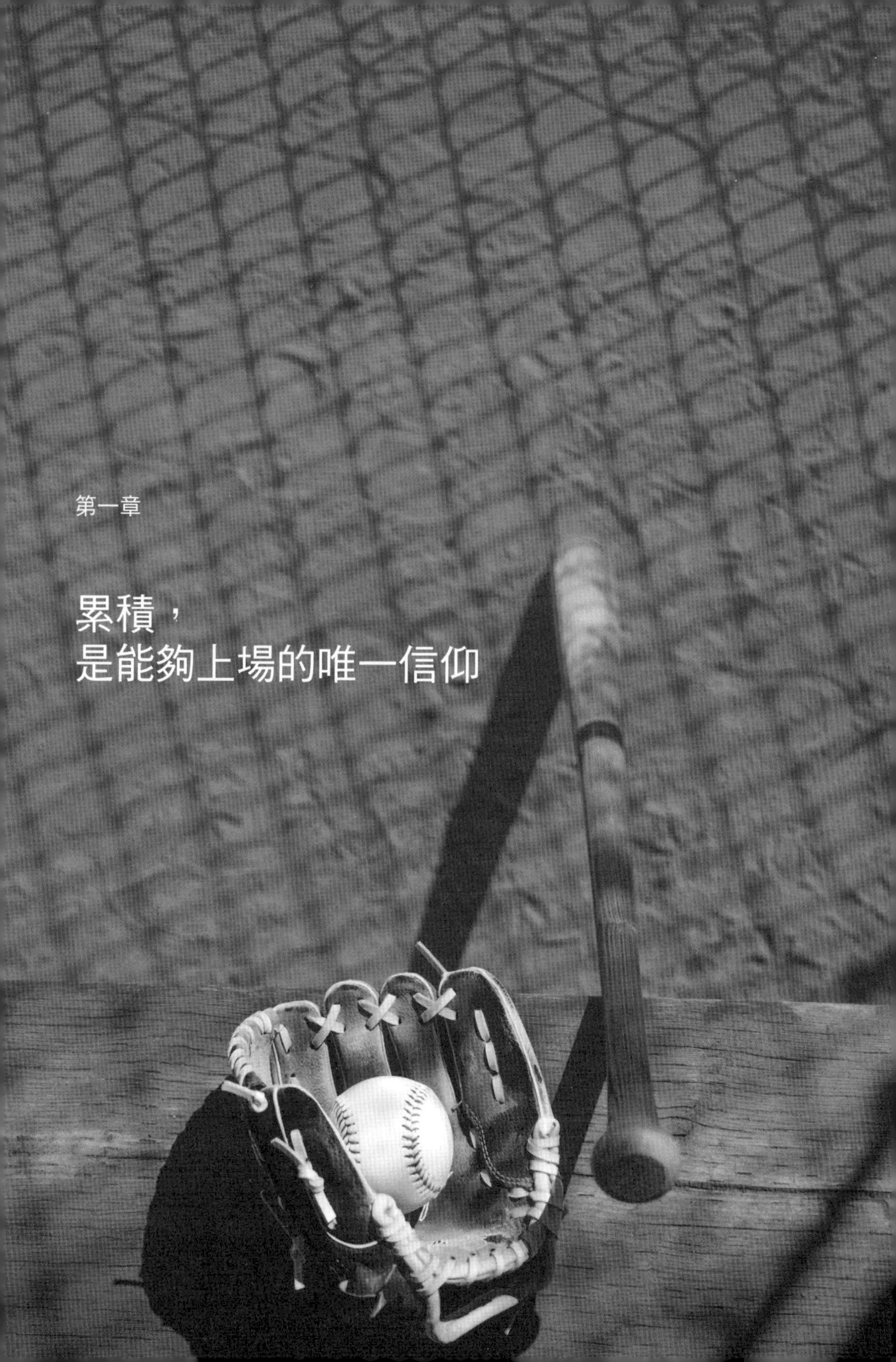

第一章

累積，
是能夠上場的唯一信仰

這世上沒有什麼事情是一下子變出來的，我不是第一天打棒球就是個職棒球員，也不是第一天當職棒球員就是球隊主力，當我們回頭去看，才會發現一路走來的軌跡裡，有著自己的累積和成長。

我發現自己一直和小時候一樣喜歡棒球，所有擋在我和棒球之間的阻礙，我都是用不服輸的精神來跨越，用不斷苦練的努力來克服，用書中的智慧來解決，但這一切不是只靠我一個人而已，若是沒有貴人的幫助和機緣，我連上場打擊的機會都沒有。

在九局下半能夠上場打擊之前，我的成長過程幫我累積了五種應對人生難題的態度和方法。

不忘初心

在進入職棒殿堂之前的累積，就像鈴木一朗曾說的：「完成夢想，是一直累積微不足道的事。」許多自己生命中的小事，對其他人來說可能微不足道，但對當時的我來說卻是巨大無比。回頭去看，這些看似微不足道的小事，就一點一點地串起了我的棒球之路。

對別人來說微不足道，對我卻無比重要

對現在的小孩子來說，吃個麥當勞大概沒什麼稀奇的。但對我來說，卻始終記得第一次吃到漢堡的滋味。那是一種新奇，代表著小時候第一次從部落上來台北的美好回憶，也是一種「總算等到」的實現。

那是在小學六年級的時候，我們光復國小少棒隊在縣內的比賽拿下前兩名，代表花蓮縣到台北打全國硬式少棒錦標賽。其實一開始坐著火車北上時，心裡想著的是：「我們大概打一場就得打包回家了吧！」畢竟參加全國賽的都是強隊，之前學長們去打也是一直輸球，我們去打應該一樣沒多少勝算。雖然對贏球沒有抱著什麼期待，但至少我們總算有機會吃到麥當勞了。

為什麼會覺得上台北就要吃麥當勞？那是因為當時《好小子》這部七年級的電影很紅，看到片中顏正國和左孝虎他們三個人在台北吃麥當勞的時候，大家心裡就覺得好羨慕，也很好奇那究竟是什麼滋味。聽我這麼說可不要笑我，那時我們的心思就是這麼單純。

在沒有網路，也沒有手機的年代，資訊不發達，我們在部落裡能看到的電影也實在不多。《好小子》是我們小時候最喜歡看的電影之一，而麥當勞在部落則是聽都沒聽過的新玩意兒，只知道要去台北才吃得到。但要等多久才有機會去台北，那時的我們根本不知道。所以一當我們拿下了花蓮縣的代表權時，大家滿心想著的除了比賽，就是要去台北吃麥當勞。

那一年的全國硬式少棒錦標賽是在敦化北路和南京東路口的台北市立棒球場開打，也就是現今台北小巨蛋所在的位置。當時中華職棒開打才沒幾年，很多例行賽都是在這裡舉行，從電視上看去好熱鬧，一直都很想去看看。當我們第一次走進球場準備熱身時，一看才知道：「哇，原來打職棒的球場這麼大啊！」在比賽開始之前，我們就在觀眾席上找地方做伸展和傳接球，直到換我們比賽才下去場內繼續賽前練習。我從小就很喜歡兄弟象的王光輝，所以一到場上就很興奮地去踩一壘，然後和隊友說：「這是王光輝踩的耶！」接著又跑去踩那個投手板，大叫：「這是陳義信踩的耶！」

王光輝也是從光復鄉太巴塱部落出身的球員，當年的他曾經拿下職棒元年的打擊王，球迷都稱他為「萬人迷」，在我們家鄉也是超紅的名人，而我最常看到回鄉的職棒球員就是他。王光輝每次回來都很像總統下鄉造訪，家鄉的人會安排他坐著吉普車在部落裡遊行，我們就穿著學校制服在後面跟著跑，很熱鬧也很好玩。那時看著在吉普車上的王光輝，只覺得他好厲害，能在台北打職棒，完全沒想到後來我們居然也能和我們的偶像一樣去台北，在同樣的球場上比賽，光是這一點就讓我們開心得不得了。

第一天的比賽打完，我們就吵著要去吃麥當勞。總教練拗不過我們，只好帶我們去吃。那家位於民生東路上的麥當勞至今仍在營運，它離台北市立棒球場不算太遠，走沒多久就到了。一進去，我們大家就開始七嘴八舌地要點漢堡。當我們拿著托盤走到位子上，打開包裝紙看到漢堡的時候，想起第一次看到好小子吃麥當勞的畫面，一直等到現在，這個願望才總算實現了。第一口咬下去，我們都快要哭出來了。因為我們從小吃的東西都是從家裡來的，要不是自己種的，就是自己養的，這輩子從來沒有吃過這種東西，也想像不出原來竟是這種滋味。

成功，是感動及感恩的累積

更想像不到的滋味，則是發生在球場上，我完全沒想到最終我們會拿下全國亞軍，當時那還是光復國小校史上最好的成績。那一年比賽的過程出乎意料地順利，我們幾乎可以說是一路打爆對手過關。第一場先對上台北市的福林國小，他們一直是全國賽的常勝軍，結果居然被我們以十比零提前結束比賽。所以第一天賽後的麥當勞，就這麼成了驚喜的慶功宴。接著第二場對上北市東園，我們又是以七比零獲勝，第三場還打出了十七比零的比數。

在拿下三連勝之後，大家都更有信心了，接下來只要再贏得第四場比賽，我們就可以史無前例地打進全國冠軍賽。那一場比賽的對手，是擁有潘威倫和潘武雄兩大投打王牌的屏東縣赤山國小，他們當時就是出了名的一流球員，長大之後都是中華隊的常客，也是統一獅的台柱球星。面對這種投打都出色的超級強隊，我們本來以為一切就將到此為止，沒想到我們又贏了，於是就這麼興高采烈地闖進了決賽。

當時的我們不禁開始做起了大夢，想像著自己會就此拿下全國冠軍並代表台灣出國比賽，打下遠東區冠軍，前進美國威廉波特，去爭取台灣史上的第十六座世界冠軍，然後回國來在部落裡坐吉普車遊行，就像「萬人迷」王光輝一樣。

這個夢很美，不過卻碎得很快。

冠軍戰我們對上台中市的太平國小，他們陣中的王牌投手盧銘銓，那年可是第一個登上中華棒球雜誌的少棒球員，由此可知當年的他有多麼厲害，在他長大之後也曾打進職棒，成為興農牛的投手。我們前四場比賽發揮出來的超強打擊火力，在那場比賽當中完全被盧銘銓一人徹底封鎖，我記得那一場比賽全隊吞下十七次三振，最終只能敗下陣來，出國比賽的美夢也就這麼嘎然而止。

後來盧銘銓一路帶領太平國小贏得遠東區代表權，只是沒想到遭到了打壓，被世界少棒聯盟取消了參賽資格，改由塞班島替補，無緣參加第四十七屆世界少棒錦標賽。不過當時打完比賽的我們，根本不知道接下來會發生這樣的事情。大家都還是小孩子，雖然最後一場比賽輸了，但對於能拿下亞軍還是感到很開心。

想起當初上來的時候，我們住在台北市華陰街的原住民活動中心，每次出門比賽，都以為等一下打完就會回來收拾行李回花蓮。後來因為一直贏球，每天都有機會吃到麥當勞，還有時間去台北幾個有名的景點逛逛，像是動物園和新生公園等等。雖然對台北人來說，這一切根本平凡無奇，但對幼小的我來說，都是非常新鮮的經驗。本來只能待個兩、三天的台北，最後硬是待了兩個星期才回家。

現在回想起來，小時候因為上台北打棒球而第一次吃到麥當勞的感覺，除了感動之外，其實是帶著更多的感恩。我想起了當年總是戴著斗笠教我們打球的陳劍榮教練，雖然沒有什麼錢，卻還是硬著頭皮讓我們這群部落來的孩子吃很貴的麥當勞。想起了那時我們以為只打一場就會輸球回家，最後卻受到幸運之神的眷顧，讓我們意外地打下了亞軍。也想起了第一次走進那座偌大的台北市立棒球場，踩在王光輝鎮守的一壘壘包上，心裡那種不可思議的興奮。這一切，都是等了好久才能夠實現，但若沒有教練一路教我們打球，帶我們上台北比賽，這一切都不會發生。而我對台北這個地方的記憶，也就濃縮成這樣的一種感覺，久久不能忘懷。

當時的我也不知道，接下來要等多久才能夠打進中華隊，代表國家出國比賽，或是像王光輝那樣打進職棒，在球場上發光。我只能朝著目標前進，然後等待著願望實現的那一天。那種總算等到了的滋味，有時候很甜美，有時候很意外，但總是很難忘。

九局下半的體悟

人生中的實現，有時需要等待，只是不知道究竟要等待多久。就像比賽到了九局下半，不只要等到上場的機會，也得等待自己真的能繳出表現的那一刻。總算等到了的實現，其實是一種不斷的累積，而那第一次嚐到的滋味，是讓人繼續嘗試新挑戰的起點。就像是個愛打棒球的小孩子一樣，總是不會忘記那種喜歡棒球的初心。

不服輸，也得學會認輸

在不服輸之前，我得先認輸才行。聽來矛盾，但這個道理卻很簡單清楚。當我發現自己和其他人的差距有多遠的時候，硬是不服輸只會讓我無法認清自己「技不如人」的這個事實，反而蒙蔽了自己，就像阿Q和鴕鳥一樣逃避。但如果認輸之後，我不再做任何努力追上別人，那我真的就此輸了。認輸，只是幫助自己先認清事實，接下來才是真正的開始，也才能用努力展現不服輸的精神。

一流球隊裡的三流角色

那一年我十五歲，在高苑工商棒球隊裡，高一的我只能算是個三流角色。

棒球對我來說，原本只是一件單純快樂的事。從小我就是因為喜歡打球才去參加國小校隊，國中時的我之所以會常想著要去打比賽，就是因為能夠放公假，不用去上課。一直到了高中，我才開始真正感受到什麼叫做殘酷的競爭，想要上場比賽，就得要比別人強才行，而那樣的壓力和強度，是我之前從來都沒有經歷過的。

當時的高苑，早已是台灣南方的棒球強權，因為學校的球衣是以綠色為主，實力又強，戰績又好得嚇人，所以人稱「綠色怪物」。在這個怪物學校裡，整個棒球隊有三個年級、一共兩百個球員，全是教練們從全國各縣市找來的菁英好手，然後再照他們的實力分級成A、B、C三隊。所以想要打進第一級的校隊先發名單，等於是要踩在兩百個高手的頭上才行，那根本是我這種小學校出身的人無法想像的世界。

國中畢業前，我壓根沒想過要去高苑，只想到也許可以去台北的華興碰碰運氣。若沒有曹錦輝的幫助，我根本連高苑的邊都摸不著。當時我們國中隊上的球員中，高苑只想要找錦輝和我另一個隊友入隊，對我一點興趣也沒有。沒想到當高苑爭取錦輝入學的時候，從小和我一起打球長大的錦輝居然和教練說：「思齊如果不能去，我也不去了。」其實，他們根本不要我，但就因為錦輝這句話，我居然就擠進了這間棒球名校。

一同進入高苑之後，錦輝和我就走上完全不同的道路。從國三就投出名氣的錦輝，一入隊就像是流川楓一樣，直接拉到A隊先發，而我則是被分發到最差的C隊，從最底層開始打起。不同層級的球員待遇也是天差地遠，不只錦輝領到的衣服裝備和我不一樣，當時所有正規的全國性大比賽也都是由A隊代表出賽，而B隊及C隊只能參加地方性的小型盃賽。

練球的時候也是一樣，錦輝和我練球的時間是錯開的，他跟著A隊在早上練習，而我則是在下午。高一的我，每天練球的固定時程都是先到球場去整理場地，天氣好的時候就是拿耙子把紅土推平，為A隊準備好練球環境，之後我們才去自己C隊的場地練習。

有時因為下雨，球場內野會積水，為了要整理場地，我們這些C隊的球員每個人得拿個水桶和海綿，蹲在地上用海綿吸水，然後把水擠到桶子裡，不一會兒裝滿了，就提著桶子去倒掉，然後再回來拿海綿繼續吸。就這麼一直吸，一直擠，一直倒，直到場地變乾為止。這時A隊的球員都在一旁伸展熱身，等著練球，而我就只能幫忙整理場地。

至今我都還牢牢記著那種「技不如人」的委屈和不甘心。當A隊在練球的時候，我就是在一旁看著，一看到A隊球員的身手，這才知道什麼叫「人外有人，天外有天」。原來會打棒球的人這麼多，而且真正會打棒球的人居然可以這麼強。看著曾經一起打球的錦輝現在離我這麼遠，而其他的學長和隊友的實力也遠勝於我，我真的不知道自己要練多久才能追得上他們。

吸水的海綿

當時高苑總教練蔡啟生曾對我說：「你就不要再打了，回家種田去吧！」蔡教練之所以這麼說，是因為他看出我的天分明顯地不如同梯的隊友，像是曹錦輝、林英傑、林馴偉、林津平、鄭達鴻、許志華，這些選手一字排開都是天才球員，全是後來打進中華職棒一軍的頂尖選手，那時我的名字根本無法和他們相提並列。啟生教練擔心我的未來，希望我能先找好備胎，一旦不能打球，至少還有別的路可以走。我想，他大概也怕會傷了我的自尊心，所以他總是用詼諧的口吻勸我，像是：「反正你家田很多嘛，快回去幫忙吧！」雖然我家裡務農，但啟生教練知道我家根本沒什麼田，他這麼說只是想逗我笑，讓我放輕鬆一點。然而，他的話也激勵了我更努力練習，現在回想起來，或許這才是啟生教練真正的用意吧！

高中的我，是人生中真正第一次感受到失落。因為我從小是生長在一個很封閉的小世界，連麥當勞都沒吃過，所以我只能用自己過往的經驗去看當下遇到的一切。高中之前，我沒有想這麼多，只是很開心地打球。直到進了高苑，我才體會到棒球的世界原來這麼大，要更努力，才有機會爬到我想要的位置。

就在看清自己和別人的實力差距之後，我開始拚了命練球。我們C隊在練習的時候，其實是沒有教練全程盯著的，教練交待完今天的練習項目之後就離開了，留下我們一群人照著剛才教練給的菜單，在那邊亂哄哄地自己練。如果你自己不好好練習，其實每天到球場練球就只是浪費時間。而我從高一開始，就像神經病一樣拚命地練習，不只在球場練，回到宿舍也練，平常生活中也無時無刻不在練球。

我是野手，所以我平常的訓練內容無外乎就是「跑、打、守」三個項目。先拿「跑」來說，我就是不搭校車，都用跑步的方式去球場，加強自己的體能。「打」的話，除了在球場上練習之外，在宿舍也會揮空棒強化自己肌肉的力量。每晚到了就寢時間，宿舍嚴格規定不能開燈，所以我和幾個隊友就會抱著棉被到宿舍頂樓上，一邊揮棒，一邊聊聊今天自己訓練的狀況，一直揮棒揮到累了，就倒頭睡在頂樓上。而「守」就是每天不斷地練習守備的基本動作，手磨破了皮，也是纏起來繼續練。在球場練球時，打和守是結合在一起的，就是一個人打，一個人接。每次五十或是一百顆，然後交換，我們就這麼三個人一組，不斷地練習。

在高一那段苦練著要追上去的日子裡，我遭受到許多心理上的打擊，像是自己和其他人差一大截的失落感，還有每次練球自己只能為A隊整理場地的不甘心，這些都是我人生中從未經歷過的情緒。但若我只是一直陷在失落感和不甘心的情緒裡，而沒有付出任何努力和行動去改變一切的話，我永遠只會待在C隊裡自怨自艾。

現在回想起來，在C隊底層奮力往上爬的我，每一天就像海綿在吸水一樣，緊緊把握住每一刻練球的時間，想辦法把自己吸得飽飽的，因為只有這樣，我才有可能追得上其他人。我真的沒有第二條路，只能繼續拚下去，才有機會爬上去。每次下雨天練球，當我用海綿一次又一次地把場地積水吸乾的時候，其實也像是一種心理上的鍛鍊。這時我的心也像是那個用來吸水的海綿，我得先把不如人和不甘心的負面情緒給吸光光，然後擠到桶子裡，拿去全部倒掉。

在一流的球隊裡，作為一個三流角色的我，得像一個吸水的海綿，在努力吸飽養分的同時，又要有辦法把不好的情緒給擠掉。唯有這樣，我才能獲得成長的力量。

九局下半的體悟

比賽的九局下半，就像是人生被逼到了牆角，若是交不出應有的表現，就只能吞下不甘心的無奈。但有時對手太強，自己根本跟不上，這時就算不服輸，也只是嘴硬而已，對於自己的成長一點幫助也沒有。得要先認輸了，才能認清自己，從零開始建立起應有的一切基礎，從現在開始急起直追，才有在下一次討回來的機會。

每次的偶然，都是成功的必然

生命中，有很多事情，很巧。回頭去看，當時看似沒有關聯的人事物，原來彼此都串聯了起來，成就了後來的人生。對我來說，走上棒球這條路是個偶然，之所以會在這條路上繼續走下去，也是因緣際會，甚至是帶著點幸運，才能夠走到今天。

有時，一切都是巧合

小學的時候，我選擇了棒球作為社團課的活動項目，那並不是正規的棒球校隊，而是學校規定學生一定要參加的社團活動。一直到了小學五年級，我才決定要加入正規班。那時之所以會選擇棒球隊，是因為學校的足球隊剛好解散了。如果當時足球隊還在，我可能會和棒球分道揚鑣，走上另一條運動的路。如果連棒球隊也解散，我想我可能會專心念書，從此更和棒球沒有任何關聯。

加入校隊正規班之後，我才發現校隊因為經費不足的關係，很多必要的器材和裝備都一應俱「缺」，甚至連我能用的手套都沒有，像我這樣天生的左撇子球員，只能用右手手套去硬湊。以前左撇子使用的手套很貴，只有進口品牌才有生產，所以當年有很多左撇手的選手就只能強迫自己改練右手。當時小學的教練也是叫我改，可是我真的沒有辦法改過來，只好拿著完全不合的右手手套去練習守備。一開始當然接不到，老是漏接，老是被罵，後來雖然慢慢地習慣了，逐漸能接得到球，但是接起來就是怪怪的不稱手，所以我的守備一直練不好，也總是覺得自己好像沒辦法融入球隊。

不過小學時打棒球的心態比較輕鬆，也沒想過接下來會繼續打下去。雖然沒有左手專用的手套實在很困擾，但也覺得反正又不是打一輩子，沒有專用手套也沒關係，就這麼繼續跟著球隊打球。一直等到小學六年級時，我才靠著申請「郭源治棒球獎學金」買了第一個左手手套。很有意思的是，當有了自己專用的新手套之後，我對棒球的想法也不太一樣了，感覺自己不再是硬湊進來的一員，而是有了屬於自己的位置，能夠讓我好好練習，也讓我能把自己的實力真正地發揮出來。這種心態上的轉變和歸屬感，就因為有了適合自己的手套。

因為「郭源治棒球獎學金」，我不只有了第一個自己的手套，對於棒球也更有想法，而這輩子第一次坐飛機，也是從花蓮飛去台北領獎，還能親眼見到棒球界的大前輩郭源治。所以這筆獎學金對我的幫助，不只是物質上的支援，更是一種心理上的支持。我在想，如果沒有「郭源治棒球獎學金」，我也許就不會繼續打棒球了。因此後來在二〇一四年的時候，我設立了「周思齊棒球獎學金」，讓不同的家境狀況、性別或是族群的學生都有機會申請，獲獎的人之中說不定有像我這樣的孩子，因為這筆獎學金的關係，而能夠朝棒球的路走下去。

那時郭源治和我們這些獲獎的小球員拍的合照我都還留著，而我的第一個手套至今也都保存著，上面還寫著我的名字。這些年，我仍是像小時候那樣，用一條鞋帶綁著它，保持著它既有的形狀。每次看到這個手套，就會想起小學打棒球那些練球的日子。

每一個機緣，都讓我更喜歡棒球

我們小學的棒球教練其實是教田徑出身，他並不是一路打棒球上來的專職教練。但基本上在我們家鄉長大的男孩子，幾乎都有棒球底子的基因，也都對棒球有著強烈的熱情，所以他自願擔任光復國小少棒隊的總教練。教練總是戴著斗笠，那是他不變的註冊商標，即使帶隊去台北比賽，他仍是戴著一個斗笠在場邊調度。因為他教的是田徑，所以他非常重視我們的體能，認為那是打棒球的根本和基礎，我們每天早上六點就得起床開始訓練。先是跑步，跑完之後就直接去學校上課，等到三點下課之後再練球到晚上。

這麼辛苦的訓練，對我們這些皮小孩來說當然吃不消，有機會就想要偷懶。像是教練叫我們去跑步，我們跑沒多久就開始用走的，等快到終點時，再跑去水田裡用手取水潑在身上，假裝自己跑得滿身大汗。結果沒想到教練早就看穿我們的技倆，居然戴著他的斗笠躲在田裡假裝是在插秧的農夫，我們一偷懶就被他抓個正著。

當時我們都住在教練家，雖然我住的地方其實離教練家很近，但教練還是規定我要和大家住在一起。說起來，我反而很喜歡住在老師家，因為可以和大家無時無刻都待在一起。師母是我們學校的數學老師，住在教練家同時還可以課後輔導，等我們每一個人都寫完了功課之後才能去揮棒練球。

教練對我們非常地嚴格，無論是考試沒考好，學業成績未達平均值，或是守備出現失誤，就會被教練用球棒體罰。那個年代，教練都是信奉「棒下出高徒」的教條，打得很兇，完全沒在手軟的。教練還很喜歡罰我們蛙跳，我真的不了解他為什麼這麼喜歡用蛙跳處罰我們，而且每次一罰就至少兩百五十公尺，罰我們去跳操場一圈。大家都很害怕這種處罰，有時從中午開始跳，每天跳三到五圈，真的會跳到哭出來。

即使訓練很辛苦，體罰也很難受，但我們整天玩在一起打棒球，很單純地享受那樣的快樂，都讓我想繼續留在球隊裡。後來小六時，我在第一次的全國賽之中拿下全壘打王，那是我個人的第一個獎項。我還記得那時在台北市立棒球場打出第一支全壘打之後，我在比賽之後就很興奮地打電話給我媽說：「媽，我打全壘打了耶！」那一刻我才發現，打棒球很苦，但我真的很喜歡棒球。

小時候的每一個機緣，每一個人，每一個相遇和經驗，都讓我更喜歡棒球。就是這樣誤打誤撞，讓我繼續留在棒球裡。像是那時超紅的職棒，就給了我們一個夢，茶餘飯後都在聊棒球。從小我就覺得王光輝好帥，他們也給了我們向上的能量。王光輝常會回鄉來看我們這些小球員，有一次他和弟弟王光熙、陳義信和黃忠義四個人一起回來，我們被學校派去火車站迎接他們，他們很親切地幫我們簽名，那些簽名球我都還留著。我們在王光輝家裡聽他們講故事，王光熙說到當年打下巴塞隆納奧運的銀牌時，是史上第一次由棒球隊員在中華奧運代表隊負責掌旗，這是無可取代的光榮。他們就叫我們要好好練球向上，不可以學壞。

在成長的過程中，我雖然有一點叛逆，但我的個性比較溫和一點。當然身邊有些朋友會帶著我去試著抽菸或喝酒，但我就是不習慣這些東西。也有遇到過壞朋友，但我總會保持著一點安全的距離。我想，我的運氣真的是比較好，因為我就是不喜歡抽菸、喝酒，也剛好我就是喜歡打棒球，而且每當我可能要偏離棒球的軌道時，就有特殊的人事物把我拉了回來。像是一開始足球隊解散了，我的教練讓我去打棒球，後來一有可能出現偏差時，郭源治獎學金就出現了，然後王光輝也出現了，讓我繼續在棒球的路上前進。如果沒有這些巧合和緣分，我可能就此變壞。一切似乎總是這樣，讓我很幸運地能繼續走下去。

我從來不敢說自己的棒球人生是成功的，畢竟這世上能夠進入中華隊，成為職業選手，或是打球打到快四十歲的人不只我一個。我認為自己並不特別，而我能夠擁有這一切，有時真的是因緣際會。打棒球對我來說，看起來像是一種必然，其實回頭去看，有著太多太多的偶然。中間只要有一條路叉了出去，只要一件事沒發生，或是其中一個貴人沒有在我的生命中出現拉我一把，我人生中的這條棒球路可能就完全不同。

九局下半的體悟

人生不能只靠巧合，但也不能否認巧合為人生帶來的正向轉變。成功不是全靠自己，也要靠別人的牽成。九局下半的比賽也是如此，能夠揮出帶有打點的逆轉安打，也有可能是巧合而已。但若壘上沒有跑者，我的安打也沒辦法打回致勝分。這也是為什麼我總是心懷著感謝，希望也能在別人的生命中拉別人一把。即使無心，或是有意，都希望能盡一份力，盡力去為自己和別人創造一種偶然的巧合，或許那就會成為生命中的必然。

追近天才的方法

因為不是天才，所以更需要方法

我不是個天才型的選手，雖然小時候剛開始打棒球時比一般人有天分，但後來才知道自己離「天才」兩個字還遠得很。像曹錦輝就是真正的棒球天才，大家都知道他是投手，早在國三我們同隊時，他就已經在比賽中一鳴驚人，進入高苑之後，他更是名震全國，後來他賣完麵還可以重返大聯盟投球，就知道他的天分有多高。我們一起在高苑的時候，他在最強的A隊，而我在實力最弱的C隊，有時他要進牛棚練投時沒有捕手，我就會充當他的捕手陪練。其實高中時的他，就連跑打守都很出色，如果他沒上場投球就是去守空缺的位置，因為他都能守，二〇〇三年他能打出台灣選手在大聯盟史上的第一支安打，就知道他的打擊有多強。那時私底下我還曾問過他該怎麼練才能變強，但他說他也不知道該怎麼講，因為他的天分實在太高，許多人達不到的境界，對他來說卻是輕而易舉。

我自己在高中時其實也有當過投手，有一段時間我真的投得不錯，無論球速或是控球都有出來。因為我是左撇子，所以教練要我加減練一下，至少也可以當作是球隊的餵球投手，讓隊友有多一點機會練習打左投的球路。當時我們在夜訓的時候，總教練會點幾個隊上主力投手之外的潛力選手出來投給他們看，而在那幾個晚上我投得還不差。到了高二，我還曾經在對上日本明治神宮高校友誼賽時，投出一百四十七公里的球速，可是很快地，我的肩膀就無法負荷投手訓練的強度，我知道自己不像錦輝那樣什麼都很行，也知道自己沒辦法分心去練別的東西，於是就放棄了投手這條路，專心在打擊上。

我想，像錦輝這樣的天才球員，可能不知道有什麼練習的訣竅，也不知道該怎麼教別人，但像我這樣的一般球員，就只能靠練習補強天分的不足，也因此我更需要方法。像我在高苑時的蔡啟生教練就很懂得教人的訣竅，我記得當年有個投手在練習丟伸卡球的時候，球怎麼樣就是不會跑。一般的教練可能就會要他把注意力放在手指和手腕上，或是出手點及出手時的角度，可是啟生教練的教法就是不一樣。他看了看之後，就對那個投手說：「你在投的時候，把頭歪到一邊去試試看。」我們大家在一旁聽了都一臉狐疑，因為從來也沒聽過頭的位置會影響球路的變化，那個投手當然也是一頭霧水。但教練說了，也就硬著頭皮試了。沒想到才沒幾球，伸卡球的變化就出現了。

究竟為什麼頭歪一邊會影響投球的結果，當時我也不了解，只覺得啟生教練真的好會教。後來我上了大學念了體育系，對於運動生理學和運動力學有了進一步的了解之後，漸漸明白頭的位置與出手方式之間，確實存在著某種關聯。只是懂得這個道理的人，不見得能夠用簡單的語言來指導選手。那就好像自己很會投球是一回事，但要能夠把別人教會怎麼投球則是另一回事。能夠有好的辦法，讓球員的球技提升到另一種境界，對於我這種不是天才型的球員來說更重要。

有新觀念，才有新境界

總是聽人說「勤能補拙」，如果天分不如人，就要靠勤練來補足，從小我所接受的棒球訓練觀念也是一樣，就是要我們透過不斷地練習來提升技巧，我也是照著這個思維一路苦練上來。可是進入職棒之後，我卻對練球有了另一層不同的體悟。二〇〇九年球隊請來了美籍客座體能教練葛蘭，這是我第一次接觸到美式的體能訓練，結果他的訓練方式讓我大感意外，葛蘭說：「休息和訓練一樣重要，休息也是訓練的一部分。」他的意思是訓練和休息之間必須保持質量的均衡，訓練之後的休息，包括伸展、放鬆、睡眠和營養補充，也都是影響訓練成果的重要因素。當時葛蘭帶來的新觀念讓我很是震撼，因為過去的我為了要精進自己的球技，總是犧牲休息或是睡眠的時間，能練多久就練多久，像是高中的時候，我還在就寢之後和隊友跑到宿舍樓頂上揮棒練習，萬萬沒想到原來均衡的訓練作息才是根本。

我在接收到體能訓練新觀念之後，開始對這個領域產生了高度的興趣，後來更決定聘請訓練師，讓他幫我量身打造體能訓練的計畫。當時台灣的職棒圈還沒有這種自主訓練的觀念，我大概是國內第一個聘請訓練師的球員。許多人聽到之後並不是很認同，還有許多揶揄的聲音：「唉呦，花那麼多錢幹嘛，有用嗎？」當時我的內心也很掙扎，但我決定先嘗試看看。剛開始的時候，我的身體完全無法適應，訓練師為我設計的訓練菜單讓我有點吃不消，但是幾個月之後，我發現自己身體的肌肉與體能漸漸地能夠跟得上訓練的強度，到了後來，體能訓練的效果也慢慢地表現在我的比賽狀況之中。

體能訓練其實是一種長期的投資，但一開始我卻有點操之過急，很想馬上看到效果。第一年聘請訓練師的時候，我很期盼自己能夠經由訓練迅速增加自己的能力，立刻就能在球賽中打出好成績。那就好像期望自己的投資能夠很快的「獲利」，一旦看不到立即的效果，就覺得自己的投資很失敗。直到兩年之後，我才改變想法，把體能訓練當作是一個了解自己身體的過程，訓練就是幫助我去發現自己哪裡有不足的地方需要改善。畢竟影響場上比賽成績的因素太多，即使我透過有系統的體能訓練讓自己的身體保持在最佳狀態，也不見得一定會打出最佳的表現。

想通了這一點之後，我開始把自己對體能訓練的投資當成是一個賺取複利的概念，就好像把錢放在銀行，讓本金和利息不斷地去滾動，時間久了，自然就能達成預設的獲利目標。經過多年的體能訓練，我很清楚自己已經儲備了相當雄厚的體能基礎。

如果用金字塔來比喻，我認為最底端是身體素質及體能，中間則是技術及心理層面，最頂端才會累積出所謂的比賽成績，彼此環環相扣，但身體素質絕對是最重要的基礎。比起場上成績的數字，球員更應該在乎的是身體素質的數字。回顧自己從聘請訓練師之後的數據表現，我也看到了穩定的成長及輸出，即使我的年紀已經不小，但如今我的體能狀況依然維持得相當不錯，足以應付職棒一年一百二十場的高強度比賽。訓練師雖然不是特效藥，也不見得是萬靈丹，但對我來說，確實很有幫助。

我從來就不是一個天才球員，但也因此更想要找到好辦法讓自己能夠追上其他人。從一開始只知道埋頭苦練，漸漸地才體會到訓練不只需要訣竅，也需要休息，後來在聘請個人訓練師之後，更真正了解到體能訓練的長期效益。我想即使不是打棒球的人也一樣，每一個人都想要在自己的領域中變得更出色，就算是天才也都很努力，但該如何找到最適合自己的方法在人生中獲利，才是最重要的關鍵。

九局下半的體悟

許多人在九局下半都在等待奇蹟，期待有天才出現，一棒拯救全隊。許多球迷也常把能夠打出關鍵一擊的人視為天才球員，但其實這些天才打者的背後，有著不為人知的努力。而許多不是天才型的球員，更需要找到適合自己的方法，才有可能追上這些同樣努力的天才，才有機會去扭轉比賽和自己人生中的一切。

閱讀，帶給我解決問題的智慧

總感覺在台灣，球員只需要專心把球打好就可以了，球打得好就可以不用念書。以我的例子來說，因為我的先天條件並不好，確實需要很專心地練球，才有辦法把基礎打好，然後才有辦法追得上別人。從小，我就被教育灌輸一個觀念，必須要投入大量的時間，才能把體能及球技提升到可以和其他人競爭的高度。每個人每天就只有二十四個小時，該怎麼分配，就是看每個人重視的目標而定。

誰說棒球和讀書不能共存？

我們常把讀書當作一個未來的保障，總覺得書念得好，未來才會有出息。回想起小學一開始要加入棒球校隊的時候，爸媽其實是不太贊成的，主要就是因為怕打棒球會影響到我的課業。那時我媽開給我的條件就是成績不能變差，她和我說：「你要打的話，功課也要顧好才行。」我就說：「好啊！」然後四科都拿了一百分給她看之後，她才讓我去打。

在念高一的時候，因為我的天分和球技都不像其他隊友那麼出色，所以我們的總教練蔡啟生就認為我該轉行，專心去念書準備繼續升學。那時候聽到教練這樣說，我當然會覺得受傷和沮喪，但我很尊重他，知道他是為了我好，所以他說的話我即使沒有照單全收，也還是有聽進去一些。於是在努力練球的同時，我也開始準備考試。那時仍有聯考制度，我不覺得以我的球技和比賽表現有辦法拿到體保生資格，畢竟那都是給國手級球員的待遇。所以我開始去買參考書來看，好好地去準備聯考。

啟生教練的話，除激勵我更努力練球之外，其實從讀書這件事上來看，對我也很有幫助。若不是他跟我說了這些話，我可能完全不會去碰書本，甚至連最基本的閱讀習慣也沒有機會養成。後來經過苦練，我在球場上逐漸打出成績，雖然高中生活仍是以練球為主，但在那段時間裡，我已經對「閱讀」這件事產生了興趣。

高苑工商是高職體系，而我選讀的是機械科，也就是學車床和焊接這樣的技能。可是為了練球，大部分的課業就被荒廢了，像我是一早七點就去上課到中午，接著就去練球到晚上，下午的課完全沒在上。課餘的時間，我們也沒有時間去工廠實習，反正有時間就是一直練球。就算有上課，也常常因為前一天練得太晚，實在太累了，所以很多課都是在睡覺。

那時學校對我們要求的重點也不在課堂的表現，而是要打出在球場上的成績。相比之下，我小學時的陳劍榮教練比較重視我們球員的學業。小學五、六年級和隊友們一起住在教練家的時候，連師母都義務地幫我們補習數學，教練還規定我們沒寫完功課不准練球。會有這樣的差別，我想是因為小學時大家還不知道未來要做什麼，棒球還不是唯一的路，所以學業的基礎不能放掉。而到了高中，有實力走棒球這條路的人，就可以專心在這個專業上發展。話雖如此，我還是覺得閱讀對棒球員來說仍是非常重要的，忽略閱讀能力的培養，其實對球員來說是很可惜的。

像是我高中的英文畢業考就是考二十六個英文字母大小寫，即使如此，還是會有同學寫錯。高中沒有好好念書的結果，讓我的程度到了大學時無法順利銜接，一開始我根本跟不上，大一、大二在念書上真的是吃足了苦頭，動不動就被當。我念的是輔仁大學體育系，作為一個棒球員，念體育系聽起來好像很容易，但其實這個系的必修課及選修課非常重，體育專業的背後其實是有著非常深的自然科學基礎，像是人體解剖學及生物力學，而教授們用的教科書全都是英文。那時我根本看不懂，只能像練球一樣，從頭開始打底，一個一個吃力地學。

發展自己獨立解決問題的能力

小學的我也不知道念書是為了什麼，只是覺得考了一百分就很了不起。直到大學才開始大量閱讀，然後在翻閱各種書的過程中發現自己的興趣。我記得那時選修了季力康老師的運動心理學，結果第一次就被他當掉，而我在重修的時候，從季老師指定的書中看到很多運動員的故事和例子，這些都對我自己在棒球場上遇到的情況很有幫助，我也才逐漸從書中讀出真正的趣味。

我們家算是資訊封閉型的原住民家庭，從小父母親只希望我好好念書，但他們沒有辦法幫助我，我不懂、不會的，也只能自己摸索。當然他們非常辛苦，像是小學的時候，少棒隊的後援會就是由我們這幾個球員的家長組成，每一個家長都會輪流準備球隊的點心，像是家長會長是賣煎包的，我們的早餐常都是煎包，而其中有一個家長非常有錢，所以我們都會很期待那個最有錢的家長準備點心的那一天，因為可以吃很多不同新奇的東西。現在回想起來，其實準備這些點心對我的父母來說，也是不小的負擔。

我爸常不在家，為了養家，他得在北部工作，一旦有休假，回來就是陪我媽下田務農，而我媽在家除了照顧孩子們之外，就是務農和打零工來支持家裡的開銷。在我小時候的成長階段，我有一點像個孤兒，因為爸媽要忙著工作和照顧年幼的弟弟，所以很多事情我都是自己來。在小學五年級加入棒球隊之後，我就開始住在教練家，國中時大多數課餘的時間都在練球，上了高中就去高雄住校，大學也是上台北念。念高苑工商和輔仁大學的時候，因為我是學校的公費生，家裡都不用擔心我的學費和生活費。父母就曾經和我說，我是比較不用他們擔心的孩子，像我大弟就比較叛逆，小時候常常曠課。

我大弟很有棒球天分，他一路打到高中，但也沒辦法繼續打下去。小弟則是跟我差了十二歲，後來我就以過來人的身分勸小弟不要打。因為我覺得自己其實是運氣很好，才能一路打到大學，甚至進入職棒，不然要走棒球這條路真的很不容易。打棒球的代價很大，像我大弟不再打棒球了之後，就和我那些無法繼續打的棒球隊友一樣，只能另尋出路，從頭開始。而我大弟後來即使念了大學也念不下去，只能休學，當完兵之後就去做別的工作。

我常回想，如果沒有棒球的話，我能夠受到完整的大學教育嗎？以我這樣的家境來說，想要自費去念輔大可以說是完全不可能的事情。那時我一個學期的學雜費就高達七萬，而之前高苑工商棒球隊的兩百多名學生裡，也有一半以上的球員都是自費念書。若沒有學校提供給我全額補助的獎學金，我根本就不可能待在校園裡繼續求學和打球。我的人生也許就是去當兵做職業軍人，或是回去家鄉修飛機，因為我有很多同鄉都是走這樣的道路。

閱讀是教育的一塊，而對我來說，閱讀也是棒球的一部分。如果沒有打棒球，我根本不可能去念書，因為我既沒有錢，也沒有天分。但因為棒球，我才接觸到閱讀，也漸漸打開了視界。雖然一開始是為了應付課業才去看書，但養成了閱讀的習慣之後，我常會自己去圖書館找書來看。

我想，每一個人對於自己的未來都會感覺到徬徨，不是只有我而已，也不是只有打棒球的人會擔心，更不是只有念書的人會害怕。我們不見得能為自己的未來做到最好的準備，即使是選擇用念書的方式，未來也不見得就有絕對的保障。

以我自己的經驗來看，其實重點不在於「念書」或是學業，而是嘗試去學著做好「閱讀」這件事，如果能做得好，對於未來一定會有幫助。「閱讀」是吸收資訊和知識的方式，你可以把「閱讀」視為一種習慣，也可以把「閱讀」看成一種能力，習慣去接收新資訊，有能力去吸收所需要的知識，就是如此而已。所謂的「念書」和「學業」，只是用來培養「閱讀」習慣和能力的途徑而已。

我有許多書念得很好的朋友，在念完大學才發現，原來重點不是他們在「念書」的時候得到的知識，而是他們在「念書」的過程中養成了「閱讀」的習慣和能力，讓他們日後在面對困難的時候，有辦法自己獨立地去解決問題。即使當下不知道該怎麼辦，也知道接下來該怎麼找人幫助，或是自己找出方法去處理。

閱讀，不只打開了我的世界和視野，也讓我有了解決問題的能力！

九局下半的體悟

閱讀是一個開眼的過程，可以從中得到別人的寶貴經驗，然後用來解決自己的問題。閱讀就像是為自己的實力打底，你不知道什麼時候會用到你讀到的知識和觀念，但若想用的時候卻拿不出手的話，就只能無奈地接受完蛋的命運，然後從頭去力拚。這麼一來，當下的好機會就這麼消失不見了。這就好像九局下半當我拎著棒子上場打擊，我當然不想要成為全場最後一個出局數，但若我拿不出本事，也只能眼睜睜地看著比賽結束。我累積自己實力的方式之一，就是從平日的閱讀做起，把讀到的內容應用到訓練之中。

第二章

每次揮棒，我都離成功更進一步

九局下半的戰況多變，什麼狀況都有。

有時候，我們不需要打九局下半，因為我們在九局上半守住了領先，比賽就此結束。

有時候，我們沒有機會在九局下半打擊，因為還輪不到我們上場，比賽就結束了。

有時候，我們沒有辦法在九局下半交出好的表現，比賽也因此結束。

無論是哪一種九局下半，在比賽結束之前，我都要有自己的態度去面對，用自己的方法去解決。

大幅落後，也要全力衝刺

九局下半，如果比分大幅落後，「放棄」是很容易興起的念頭。然而一旦放棄，比賽也就此結束了。在打這樣的比賽時，究竟什麼態度才是對的？球員又該怎麼面對這樣的局面？

成名的大球星，照樣全力衝一壘

二〇一三年WBC世界棒球經典賽前的熱身賽裡，左打的我擊出一個一壘方向的強勁滾地球，球的去勢強勁，我人都還沒有來得及起跑，對方防守的一壘手就已經接到了，看到這樣的情況的我，很自然地朝一壘跑個兩、三步，看著對方一壘手踩了壘包，把我封殺出局之後，我就直接折回休息區。下場之後，當時為日本職棒日本火腿隊效力的陽岱鋼走了過來，他以開玩笑的口吻和我說：「賢拜，剛剛那球盡全力跑會比較好哦！」

這句話，可說是一下子把我打醒。後來我一直仔細地觀察岱鋼，無論是打擊、跑壘還是守備，也不管是熱身賽還是正式比賽，岱鋼總是盡全力完成每一個動作，我發現接受日本教育的岱鋼是一個非常敬業的球員，面對場上的每一個細節都是一絲不苟。對我來說，這是「見賢思齊」，從此之後，無論打出去的球是什麼樣的情況，我都是跑到一壘才回休息室。而這樣的堅持，也為我帶來了不一樣的結果。像是二〇一七年一場對富邦的比賽，投手是增菘瑋，那時我擊出了一壘方向的滾地球，一壘手陽冠威第一時間以為他接到了，其實卻是漏了一下，而我從打出去就開始全力去跑，也沒管球是否直接進了陽冠威的手套而停下腳步，就因為沒有放棄衝刺，原本的一個出局數就變成了成功上壘。

我會覺得，作為職棒球員，在打出每一球之後都要盡力去跑，這麼做是對得起自己的專業。職業棒球當然是每一個球員的個人事業，作為學長或是前輩，我不能去要求其他人一定要怎麼做，畢竟這是每一個人對待專業的態度，而我努力去做，就有機會讓別人看到我怎麼做。我想，若是以身作則，自然就會有帶頭的效果。

有些時候，比賽打到了九局下半，我所屬的球隊比分已經大幅落後，這種時候，要想打起反擊的火花真的很不容易，要放棄比賽也只是一念之間。可是轉念又想，我能夠打到職業層級，我的表現就應該要對得起自己的薪水。而每一場比賽都是觀眾買票入場來看我們打球，為了這些九局下半仍坐在位置上等到最後一刻的主場球迷，我當然應該要堅持到底。什麼也不能做的球迷們都沒放棄了，在場內打球的我怎麼能夠輕易認輸？

面對大幅落後的九局下半，如果我的腦中認為：「這只是一場比賽而已，何必用全力去跑一個不可能安全上壘的滾地球？」或是說：「算了啦，再怎麼追也追不上，不可能了啦！」不只比賽就此結束，對我自己來說，作為職業球員的專業精神也就此消失了。

回想起另一場比賽，二〇〇八年八月十八日中華隊在北京奧運對上南韓的比賽，那場比賽，中華隊一定得贏球才有晉級的可能。而面對當時四連勝的超強南韓隊，比賽才不過第二局下半，對手就以八比零遙遙領先，身為第四棒的「恰恰」彭政閔上來的第一球就突襲短打，然後直接用撲壘的方式搶上一壘，震驚全場。恰恰後來接受媒體訪問，回想起這個打席說道：「那時南韓一壘手李大浩想用手套tag我，我看到就打算用頭部滑壘閃過。」他說那是他的「本能反應」，雖然很多數據都指出打者跑一壘時，直接跑過去要比用頭部滑壘來得快，而且撲壘的方式很容易造成球員受傷，但當下的恰恰就是不顧一切地為球隊拚佔了一個壘包。

恰恰那一個play，就此打開了中華隊反攻的力道。原本零比八的落後，被中華隊兩分、四分、兩分地一路猛追，最後兩隊戰成了八比八平手，中華隊一直打到第十二局才以一分輸球。而二局下半第一個上來打擊的恰恰，並沒有因為八分的落後而放棄，也沒有把自己當成第四棒，而是這一局的第一棒，想的就是如何全力搶上一壘，為球隊打開攻勢。

也許有人會說，那至少是二局下半，還有機會反攻；也許有人會說，就算追上來又怎樣，最後還是八比九輸球了；然而，這麼多年後，仍是有人記得那一球，記得那一記拚命的不可思議，記得棒球該有的樣子和氣度。

後來在二〇一五年五月的時候，岱鋼也曾在一場火腿的例行賽中選擇以「頭部滑壘」的方式搶攻一壘，導致他當場左手舟狀骨骨折，受傷退場。恰恰談到岱鋼的傷勢時，就認為岱鋼「最主要他或許想激起隊友的士氣」。我覺得，這樣的態度，正是在球隊大幅落後時最需要的拚戰精神！

肩負使命，勿忘初心

九局下半無論落後幾分，都要保持一樣的態度去拚。我知道很難，也不合人情常理，但我仍努力這麼去做。有人說，若是能把每一天，都當作人生的最後一天去過，這樣每一天哪有可能活得不精彩呢？不像足球或是籃球，棒球比賽是沒有時間限制的，無論落後幾分，在第二十七個出局數出現之前，什麼事都有可能。

即使自己的球隊在大幅落後的時候，比賽也仍舊在進行中啊！無論是大幅落後，還是遙遙領先，這仍是棒球比賽，就這一點意義來說，我就是在打我從小學就開始打的棒球比賽。回想起自己對棒球的喜歡，即使追上對手太難，即使反攻看似絕望，即使對抗顯得徒勞，但我就是喜歡打棒球啊！我就是在打我喜歡的棒球啊，光是這一點，就足以讓我開心地繼續打下去。

這也是我在第一章的時候，寫到那第一次在台北吃麥當勞的心情。那是我打棒球的初心，單純而美好。我也還記得，二〇一四年我們在下半季封王之後，殺進總冠軍戰，最後雖然以一勝四敗錯失當年度的總冠軍，但我卻覺得我們兄弟贏了，怎麼說呢？當然不是贏了冠軍，而是我們把最初打球該有的態度及熱情找回來了。

那時，冠軍戰第五戰八局下，教練團決定撤換林威助，換上前幾場都沒上場的簡富智，教練為了上一壘的跑者能上到二壘的得點圈，採用短打戰術，但簡富智卻沒有成功讓跑者站上二壘，最後被三振出局，在失敗之後，他回休息室痛哭流淚，這不就是對棒球最熱情的感受嗎？

想想過去小時候我們為了輸球痛哭流涕，贏得勝利時開心不已，這種情緒的反應，不就是我們最初、最原始打球的熱誠嗎？反之，對輸贏及個人成績毫不在意的話，我認為，這樣子在球場上跟行屍走肉沒什麼兩樣。

熱情、努力、快樂，這幾個元素都是球員最初打球的動力，有時候我們會因為場上的比數，或是被高壓力所產生的負面情緒影響，而疏忽了這個初心，但只要想起自己有多愛打棒球，一切就會不一樣。

九局下半的體悟

人生很多時候，都會面對大幅落後的情況。像我自己高中的時候，就差隊友一大截。那可以說是我棒球人生的九局下半，如果我束手就擒，不再努力，我就再也沒有機會追上來了。有時成功的機率很微小，但只要記得自己的初心和熱情，全力去衝一壘，沒人能說不可能。

對勝利的渴望，要跟呼吸一樣強烈

九局下半，落後一分，看似很有機會，但那個差距卻好像怎麼也跨不過去。一分差的比賽，之所以在棒球裡這麼常見，就是因為這一分的落後如此巨大。

一分就是高牆

一般來說，棒球是防守方佔有明顯優勢的運動，再強的打者也是每三到四次才有一次成功擊出安打的機會，所以明明就只差一分，明明離追平只有一步之遙，但在對手同樣出全力防堵的情況下，一旦防守方沒有自亂陣腳，投出保送或是發生守備失誤的話，攻擊方要想突破防守方的封鎖，難度確實很高。

這時，對方當然會派出他們最強的王牌終結者準備關門，面對僅剩的三個出局數，攻擊方在自己手上的籌碼愈來愈少的情況下，壓力只會愈來愈大。很多時候，落後一分到了九局下半，攻擊方的球員上來打擊時，心裡難免會想要拚一支大的。畢竟一個人的力量，只要打出陽春全壘打，就能夠一舉扳平戰局，比賽也就先立於不敗之地。之前說把每一天當作最後一天去過，把每一局當成九局下半去打，人生和比賽都會完全不一樣，但這樣的想法若是用在棒球比賽的前段，有時候卻會造成不一樣的負面影響。

怎麼說呢？如果比賽才剛開打就落後一分，這時每一個人上來都會緊張，也很容易就被對手抓到攻擊心理，然後被各個擊破，輕鬆解決。這時需要冷靜，不要急躁，第一步的重點是要先想辦法上壘，第二步才是扳平，第三步才會有贏球的結果。畢竟棒球是一步一步累積的運動，每累積四個壘包就能換到一分。只要能夠上壘，就有機會。

我想起二〇一三年的經典賽，複賽第一場我們對上日本。那一場比賽我有兩分打點，分別是三局下對上先發左投能見篤史和八局下對上右投的田中將大。巧合的是，當時我都是在雙方平手的時候上來打擊，但對當時的我來說，我卻是抱著落後一分的心理在進行攻擊。

會有這樣的想法，是因為從二〇〇三年日本首次籌組以日職一軍明星球員為主的國家隊之後，十年間中華和日本在國際一級賽事交手六次全數敗北，其中還有幾次大比分輸球，讓我們在對上日本這樣的強隊時，還沒開打，在對戰心理上就已經先落後一分。即使如此，我試著把這樣的對戰壓力，轉換成積極的思考方式：既然是落後一分，如果我的目標設定只是保守地想要上壘，創造出得分的機會，那我的心情會比較安定。若是滿腦子想的都是要一棒打回分數，一舉超前，結果也許反而會打不好。

三局下，雙方零比零，中華隊攻佔滿壘、兩人出局，這大好的得分機會，輪到我的時候，心裡仍是非常緊張，但我照著自己的思路，把比賽當落後一分的局面去打，當下的策略就是發揮自己的特色，努力地去選球，把壓力丟還給投手。賽前的情蒐就顯示，日本武士隊的先發投手陣容當中，能見篤史的投球是相對不穩，有可乘之機。而三局上正是這樣的情形，在兩壞球沒好球的情況下還對恰哥投出觸身球，所以才擠成滿壘。左打的我對上左投的能見，前兩球進來都是壞球，捕手阿部慎之助還喊暫停上去安撫他，看得出來他的狀況已經有所動搖。接下來又是壞球，在三壞球沒好球的情況下，壓力就完全在對手身上了。於是我放掉了第四球，在第五球的時候仍是以選球為第一優先，最終讓我選到了保送，擠回了全場的第一分，也讓能見被迫提前退場。

如果我在之前沒有這樣的心理設定，也許那第五球我會嘗試揮擊，而沒有篤定地要選到保送上壘。那個打席之所以讓我印象深刻，就是因為我在心理準備及攻擊策略上都勝過對方投手。

等到了八局下半，雙方又是二比二平手。日本隊剛才在八局上半一口氣追回兩分，氣勢正強，然而中華隊一上來就是三、四棒的恰哥和智勝連兩支安打，無人出局攻佔二、三壘。這時第五棒的我，依舊照我賽前的設定方式，想像目前是落後一分，可是比賽已經到了後段的決勝期，我的出棒策略就改為積極，一旦情況有利，我就有揮擊的本錢。

而情蒐顯示田中將大是好球率高，敢於對決的投手。我觀察到他當天的狀況也是如此，他在六、七局就投出四次三振，全是三上三下，球路很威，不過中間因為隊友反攻的關係，等了許久才重新上來投球，連搭配的捕手也換了人，所以他面對前兩名打者的第一球都是壞球，很明顯還在抓進壘點，結果都是不願意球數落後，所以積極要搶好球數來壓制打者，結果都被恰哥和智勝抓中打出安打。我想他對到我的時候，一定很想把我給解決掉，即使一壘上是空的，也不願意保送我。所以我第一球就出棒，也發現我自己揮棒的速度跟得上他的球速，於是第二球就順勢打了出去，也很幸運地成為中間方向的平飛安打。

在棒球場上落後一分時，這一分的高牆，其實只是用來展現我們有多想要勝利而已，我們必須想辦法去跨過它。

不服輸的向上精神

之前我也曾在網路上看到一部影片「How bad do you want it」（你有多想要成功），影片內容敘述一位年輕人很想賺錢，於是他就去找一位大師請教：「我要如何才能跟你一樣？」這位大師回他：「如果你想跟我平起平坐，明天早上我在海灘上等你。」

於是，年輕人早上四點到了那邊，他已經準備要好好學習一番。到了海邊，大師就抓著他的手問說：「你有多想要成功？」他回答：「非常想！」大師說好，然後就叫年輕人走到海裡面去。當年輕人走到水裡時，他邊想著這個人是瘋子嗎？我只是想賺錢而已，他卻叫我來游泳！

他走向水裡的同時，大師要他再多出去一點，他又再走出去一些，而水也就到了更高的部位，直到他不能再走了為止，大師就壓著他的頭，把他壓在水裡，讓他無法呼吸，就在他快昏迷的時候，大師把他拉起來。之後問他：「當你在水面下的時候，你想要什麼？」年輕人說：「我只想要呼吸。」大師告訴他，當你想要成功，就像想要呼吸一樣強烈時，那麼你就會成功。

看完這部影片，讓我想起我的超馬好友陳彥博，他為了完成他的「五七八」（五年、七大洲、八大站）這非常艱難的計畫，他不在乎沒有棒球比賽可以看，不在乎電視上演什麼節目，更不在乎派對，唯一讓他在意的事只有「五七八」。他想完成目標，就像前面所提到的呼吸一樣，當然，他也在二〇一三年完成了他的夢想。

前一陣子問了威助學長一個問題：「台灣選手跟日本選手之間的差異性到底

是什麼？」他說，「我們選手素質其實不會輸給日本人，但我們求勝的欲望卻是大大輸給日本，尤其從打出去後的跑壘就可看出。」威助學長也說：「當日本選手打不好的時候，他會全力衝刺尋求一絲絲上壘的機會；當他打好的時候，也會全力衝刺尋求再多進一個壘包的機會，只要有機會就不會放棄。」

想要克服一分的落後，除了方法，也需要不服輸的精神。當你想要獲勝的渴望，就像想要呼吸一樣強烈時，我相信，成功就離你愈來愈近了。

九局下半的體悟

九局下半落後一分，真的很難打。有時就是差這麼一點，怎麼樣就是扳不平。有時才追平了，結果下一局就又被超了過去，這反覆的拉鋸，讓這一分的落後特別煎熬。明明近在咫尺，怎麼就是追不上呢？要超越這樣的心情，絕不能先認輸，努力想出正確的對策來跨過這座高牆，就有迎接勝利的可能。

平手，就爭取再見一擊的驚喜！

九局下半，兩人出局，雙方平手，這個時候，無論是球員還是球迷，都會不由自主地想到一棒定江山的再見全壘打。這是一種立於不敗之地後的積極想法，拚一個驚喜的英雄結局，但這樣的劇本，有時不只是靠自己和一點運氣，更要靠隊友的加持！

那一球，也許只是運氣

無可否認，棒球運動中確實有運氣的成分。想像一下，一根球棒最粗的地方大概和棒球差不多大，在球快速向打者飛過來的過程中，想要讓差不多粗的球棒打到球，加上球棒自己本身也有速度，這有多難？兩者之間要剛好碰上，就像人與人在這世上的相遇一樣，需要一點好運。即使球棒打到了球，也不見得能形成安打，常常可以在比賽中看到打者明明準確地咬中了球心，但卻是一記強勁平飛球直接進了對方的手套被接殺，甚至還可能造成雙殺。

對打者來說，有可能會感覺最近這幾場比賽特別lucky，但也可能會覺得只有這場比賽很幸運而已，下一場就不一定了；也有很多時候，上場打擊時並不覺得自己的運氣有特別好，結果打了出去才發現：哇，這一棒真是太好運了！

二〇一五年六月四日在新竹球場面對Lamigo桃猿時，我在九局下半雙方六比六平手的狀況下擊出再見滿貫全壘打。其實那一球對我來說，也許只是運氣好而已。我剛好在那個時候上來，遇到了那個投手，然後在我揮棒的時候，球棒剛好遇上了球的甜蜜點。

回顧那場比賽，我們在第一局就從對方先發投手神盾手中拿下三分，可是在那之後就沒能再得分，反而是桃猿陸續都有攻勢，不僅追回分數，還在六局上半把領先拉開到六比三，等到了九局下半，我們最後反攻的機會時，桃猿換上「鄉長」陳禹勳關門。雖然他一上來就被林威助打出中外野二壘安打，但接下來的兩棒都被他抓到出局數，壘上的林威助還是沒能回來得分。

這時已經是兩人出局，落後三分，感覺比賽隨時都會結束。結果教練把許基宏換上來代打，成功擊出二壘安打追回這個半局的第一分，攻勢一開，兄弟就沒再停下來了，下一棒張正偉也敲安送回第五分，陳子豪保送上壘之後，耐克再一棒把比數追平。

人說棒球比賽是兩人出局之後才開始，原本領先的一方說什麼也拿不下最後一個出局數，甚至只差一個好球就能結束比賽，但就是打不死對手。那天我們的反攻就是這樣，每一棒之間就像有一條堅韌的細線串聯著，全隊看似命懸一線，但就是能夠不斷續命，直到奇蹟發生。

這時感覺氣勢已經倒向我們這一邊，陳禹勳仍在場上投球，但被恰哥選到四壞球保送之後，桃猿也決定換投手，在滿壘的局面之下，讓控球很好的曾兆豪上來救援。那時雙方已經平手，我們在這個半局大有一舉逆轉比賽的可能，但若是錯失了這個機會，變成要打延長賽，一切就很難說了。

棒球比賽中不也常見到這樣的情形嗎？這個半局大好的得分機會你沒把握住，風水立刻輪流轉，下一個半局就輪到對手得分了。為了不讓這樣的事情發生，我這一棒一定要想辦法結束比賽。一開始，我想要先利用我的選球能力和投手抗衡對決，畢竟利用保送可以穩穩地把跑者送回來，得分的機率要比擊球來得高。可是曾兆豪的控球很好，要選到保送的機會也相對較低，所以我給了彼此兩個球的空間來互相觀察。

曾兆豪的第一球是個壞球，確實給了我繼續選球的空間。第二球他就塞了一顆紅中的好球進來，我放掉沒有打。但幸運的地方來了，這時投手叫了暫停，蹲下來綁鞋帶。這是經驗豐富的曾兆豪讓自己穩定下來的方式，在投出下一球之前，他給了自己更多的時間準備。結果這也給了我思考的餘裕，讓我改變了攻擊的策略。

我的天分沒有很好，所以無論是在打球或是練球的時候，我都得要蒐集很多資訊，才有辦法做出判斷，這也讓我在解讀球賽這方面做得不錯。當時的狀況因為這個暫停而有所不同，我在想他會全力避免四壞球，即使最後被我打出去也不要緊，但他會試著控在偏低的位置，想辦法讓我打不好。所以我覺得我沒有本錢繼續等下去了，我決定在他投出的下一球就要積極出棒。

當人有機會的時候，很容易會想冒險，搏一下運氣，這樣的積極搶攻，正是棒球比賽之所以好看的地方。結果這一球是個偏低的變化球，我很幸運地跟上了，一棒被我撈了出去。我必須說，能夠擊出這支全壘打，過程中確實有它幸運的地方。

人生有些事情，可能是強求不來的。有時候，人若是明白了這一點，反而能夠更放心地去追逐目標。既然強求不來，那就順勢而為，看看自己能打到什麼程度，那一晚我的感覺也是如此。在人生不能強求的事情中，就屬運氣最為神祕。它想來的時候就來，也不知道什麼時候會跑掉，而在場上打擊的時候，每一球的運氣可能也不一樣。或許我在第二球那個紅中好球就揮擊，只會打出內野滾地，球隊就得去打延長賽。或許因為我等了兩顆球，所以才有機會結束比賽。

這樣的認知對球員來說，有好有壞。好處是讓人了解許多事不能強求，面對失敗時不要想太多，取得成功也不要太自滿。壞處則是一旦開始迷信好運，而運氣畢竟是一種球員自己掌握不了的東西，如果只是一味地在等自己的運勢變好，那就無法針對每一場比賽或是打席做出實際的調整了。

那一球，其實要靠隊友牽成

我們是一個團隊，而兄弟最引以為傲的團隊精神，一直就是「永不放棄」。大家可能只記得那一次我對桃猿打出了再見滿貫彈，但若沒有我的隊友一路不放棄，我也不可能有機會在雙方平手的時候上場打擊。

那一球打出去之後，大家等在本壘熱烈地歡迎我，拿冰桶往我頭上澆，一起興奮地慶祝比賽的勝利。在我冷靜下來之後，回想起這個難得的紀錄，就會覺得在棒球比賽裡，隊友的力量實在太重要了。首先，我們並不是以平手進入九局下半，而是帶著三分的落後。如果不是隊友們緊咬比數，在兩人出局之後仍是死命地追，從後面一路追趕上來的話，比賽早就結束了。

其次，在九局下半我本來連上場的機會都沒有，因為我打的是第五棒，也是八局下半最後一個出局數，所以九局下半要輪到我上來打，隊友們得要打完一輪才行。結果第六棒的林威助就率先打出二壘安打，在兩人出局之後，許基宏、張正偉和耐克的安打，陳子豪和恰哥的保送，才讓我有機會上來打擊。

再來，如果壘上沒有跑者，我也不可能有打出滿貫的機會。正是因為隊友不斷上壘，填滿了壘包，才造就了滿貫全壘打的必要條件。當時我們其實只需要再一分就能贏得比賽，結果是再見滿貫砲讓終場比數變成十比六，而這多出來的三分像是我為隊友們放的慶祝煙火，也是我對他們的感謝，因為我能打出滿貫全壘打都是靠隊友的幫忙。

回想起自己剛進入職棒時，一開始在誠泰是浮浮沉沉，只能代打、代跑或代守而已，無法穩定出賽，我還記得第一次有機會上場代打好緊張，教練把我叫過去要我好好加油，結果第一次打擊仍是三振收場，我在前四次打席也吞下三K，根本不知道怎麼打。那時球隊上的隊友都是成名已久的打者，像是謝佳賢和鄭景益，他們都是一等一的打擊好手，我和這些身經百戰的沙場老將相差十多歲，這和之前學生球隊時，大家隊友彼此年紀都差不多的情況完全不同。但這些老大哥幫助我很多，也給了我很多激勵和壓力，因為他們都很無私地教我怎麼打球，而我其實也必須要和他們競爭上場的機會。

那時球隊通勤時，我常坐在鄭景益學長旁邊，他也教了我非常多東西。那時我完全不會調整自己的心態，但學長就給我很多鼓勵，隨著教練給我更多機會代打，上去守備，在無關勝負的情況下上去磨練，我總算在第五次上場打擊時打出安打。後來我的第一支全壘打就是代打全壘打，投手是兄弟的王勁力，從此之後才把信心給打出來，逐漸找到自己的樣子。但我仍記得隊友們給我的幫助，讓我開始能夠成長，繼續挑戰棒球。

有意思的是，鄭景益學長之前在那魯灣的時候，也曾打出該聯盟史上第一支，也是唯一一支再見滿貫全壘打。時隔十七年，我能夠揮出再見滿貫全壘打，除了好運，也是因為有好隊友。而能夠和這一群好戰友一起打球，我真的是太幸運了。

九局下半的體悟

「珍惜和感恩」是我努力價值的核心，我能夠打到目前的成績，都是靠大家的幫助。棒球的勝利不能強求，但若是沒有隊友，也就什麼都不用求了。九局下半平手，要想把握一棒當英雄的機會，除了運氣，也是要靠隊友的幫忙。面對結果，也要在心中抱持著感謝和珍惜的心。

失敗的終點，就是成功的起點

正常來說，一路領先的球隊是不用打九局下半的，除非一切在九局上半豬羊變色。先苦後甘，滋味總是最甜美，但若順序反過來，那就很難接受了。一路領先到九局上半卻被對手逆轉，這種從天堂掉到地獄的感覺真的很嘔，煮熟的鴨子飛了，遠比看到原本就會飛的鴨子飛走更氣。這個時候，如何收拾心情，準備接下來的反攻，真的需要方法。

二連勝之後，想不到的四連敗

二〇一六年中職總冠軍戰，由中信兄弟對上義大犀牛的台灣大賽，大概是我職棒生涯中最意想不到的被逆轉。那一年我們的陣容堅強，季初就從自由球員市場補進了大師兄林智勝和鄭達鴻，加上既有的攻擊打線，以及打出實績的年輕球員，戰力可說是非常完整，投手從先發到牛棚也很整齊。兄弟是以年度勝率第一進入總冠軍戰，所以取得了多一場的主場優勢，而在拿下二連勝之後，感覺我們距離總冠軍已經好近了。

過去兄弟常常都是不被看好的那一方，也常常因此被激發出不服輸的精神，打出不可思議的逆轉奇蹟，然而二〇一六年我們卻成了被看好能拿下總冠軍的一方，角色互換，心境也不同，我也真的沒想到拿下二連勝之後，球隊居然會一勝難求。

第三戰開打之前，兄弟在總冠軍賽對上義大已經拿下跨季七連勝，也是所有總冠軍賽對戰組合之中最高的連勝紀錄。我們打完第五局上半還以六比一領先五分，不料最後卻讓對手反敗為勝，創下當時中職總冠軍賽史上最大分差的逆轉紀錄。義大在五局下一口氣搶回七分，也是總冠軍賽史上第二高的單局得分紀錄。

在這場比賽之中，雙方互有領先，彼此拉鋸，對手在八局下半拿下兩分，把領先擴大為三分的十比七，我們即使落後也沒有放棄，到了九局上半的最後反擊時，兄弟也靠著林智勝單場第三支全壘打搶回兩分，創下了台灣大賽史上第一次的單場三響砲紀錄，但依舊沒能搶先贏得聽牌的機會，兄弟以九比十輸球。

這一勝，不只讓義大終止了隊史（含前身興農）在總冠軍戰十連敗，以及季後賽十三連敗的聯盟紀錄，也讓義大的士氣大振，即使我們依舊在系列賽裡以二比一領先，但義大就像是觸底反彈一樣，勢不可擋。接下來連續兩場主場的比賽，義大在桃園國際棒球場都以大比分擊敗兄弟，成功超前取得了三比二的聽牌優勢。

吞下三連敗之後，我們被逼到了絕境，如果我們在台中洲際棒球場舉行的第六戰不能獲勝，就只能在我們自家的主場看對手封王。那場比賽我們一局下就靠著蔣智賢的三分砲取得領先，義大則是在四局下得一分，之後雙方都沒再得分，而領先了八局的我們，當時看來很有機會止住連敗。沒想到九局上半，義大大舉反攻拿下三分，取得一分超前，之後，我們在九局下半反攻失敗，最終義大拋下了屬於他們的封王彩帶。

一路領先，一切卻在九局上半風雲變色，這場比賽就像這年總冠軍系列賽的縮影，我們在領先時沒能趁勢拿下最終的勝利，而在被對手逆轉之後，也無法及時反擊，這種失敗的滋味真的非常難受。

如何面對失敗，重新站起來

回想起二〇一六年總冠軍賽第六戰，那時六局下半兩人出局，我們攻佔一、二壘，王勝偉打出中外野一壘安打，在二壘上的我，繞過三壘之後全力搶攻本壘。結果義大中堅手林哲瑄一記雷射肩的長傳，將我觸殺在本壘之前。回想起來，如果我能成功取得了那一分，是不是戰局就有所不同？

這種感覺，就很像打出了再見雙殺打一樣，當下會覺得懊惱，也會非常自責，因為自己而葬送了球隊反攻贏球的契機。年輕時候的我，很容易一股腦地把輸球的責任往自己身上攬，常會覺得球隊會輸球都是我的錯，心情的壓力會非常大，在之後的比賽中，反而無法正常地發揮。

而在我成熟了之後，因為累積了這麼多的經驗，我會設定心情的停損點，把失敗的「終點」當作成功的「起點」。在心態上，我會試著以「勝之淡然，敗之坦然」的原則，去面對場上發生的一切。如果我有幸打出致勝安打，我會很自然地接受它；反之，若是失敗了，也會把它當成是比賽的一部分。失敗沒有關係，但要把失敗的那一刻設為成功的起點，把一切歸零，重新站起來接受挑戰。

在那年第六戰的九局下半，我們其實有立刻收拾心情，準備好九局下半的反攻。我們並沒有就此放棄，仍舊試圖力挽狂瀾。每一個人上場打擊，就是一球一球地去攻，想辦法延續戰局，即使最後的結局不能盡如所願，但我們依然努力到最後一刻。

在輸掉二〇一六年的總冠軍戰之後，我們也沒有讓自己消沉下去，而是繼續努力，準備下一季的比賽。二〇一七年我們的年度戰績雖然只拿下第三名，但在季後挑戰賽卻以三勝一敗力克年度第二的統一獅，成功地打進總冠軍戰，對上了那年包辦上下半季冠軍的 **Lamigo** 桃猿。

總冠軍第一戰，又是在桃園國際棒球場，想想從二〇一五年對戰桃猿到二〇一六對上義大，算來我們在總冠軍戰已經是跨季客場五連敗，而且在桃園球場可說是一勝難求，像是有了「桃園魔咒」一樣揮之不去。這種連敗的陰影，加上去年輸球的心理壓力，確實讓我們打來有點綁手綁腳，對手也迅速取得一分領先。不過我們在下一局立刻回應，拿下三分超前，就此一路領先到終場，成功終止了我們在總冠軍戰的跨季四連敗。這個勝利，雖然不是對上前一年的對手，但我們打破了心理的魔咒，在哪裡跌倒，就要在哪裡站起來，由此出發，有了成功的第一步。

即使我們最終輸給了桃猿，從二〇一四年起連續四年打進總冠軍戰都未能贏回冠軍，而創下了「四連亞」的聯盟紀錄，但我想，這個失敗的終點就是我們成功的起點。我相信兄弟終究會以同樣的態度，繼續努力，重返榮耀。

九局下半的體悟

一路領先到九局上半被逆轉，就像打順風球的人生，突然出現意外的轉折一樣，很意外，也很難以接受。快到手的勝利飛了，這時最難的就是收拾這種不甘心，思考該如何打好九局下半。但若真的是反攻不成，如何把失敗設為成功的起點，回去好好努力，才是未來重新站起來的關鍵。人說「十年生聚，十年教訓」，如果只是十年「生氣」，下次回來還是會被對手狠狠教訓。

勝負不只在我手中

九局下半，面對球隊落後的局面，很多時候輪不到我上場，也許是因為棒次，也許是因為調度，我已經被換下場，所以我只能和其他球迷一樣當個啦啦隊，在場邊為隊友吶喊助威。即使這場比賽我已經無法上場，用我的打擊去直接影響比賽的結果，但早在每一場比賽開打之前，我就已經開始努力為隊友加油了。

以身作則，找解決辦法

隨著年紀及經驗的增長，無可避免地我的角色會逐漸成為帶領年輕球員成長的母雞，我必須以身作則，同時協助我的隊友找出解決的辦法。而該怎麼做，我也尋求書中的知識，從閱讀中找方法。

以身作則的意思，就是我得先知道自己的優點在哪裡，然後我會靠這個技能來幫助球隊。球隊要得分才能克服落後，追成平手，甚至超前，而我個人認為，棒球比賽裡除了陽春全壘打之外，要想得分的前提就是壘上要有人，我則是希望自己能夠成為球隊在壘上的那個人。要完成這個目標，我的策略就是做好選球，增加自己被保送上壘的機會。我曾經連續八個打席選到保送，創下中職紀錄，而之前二〇一三年經典賽時也是選到不少的保送，等於是替球隊創造了得分的機會。

我之所以想要以身作則，也是因為恰哥總在我前一棒，當我在打擊準備區看他打擊的時候，我觀察到他的上壘率極高，不只是因為他很能打安打，也是因為他的選球做得非常確實，他的生涯到二〇一八年為止，被保送上壘九百二十四次，是中職最高紀錄，超過原先的紀錄保持人黃忠義的六百九十七次。這每一次的保送都為球隊帶來幫助，我也希望自己能努力做到這件事，然後去影響我的下一棒。

至於解決問題的辦法，則是希望自己壘上有人的時候，我要有辦法把他們送回來，所以除了保送和上壘率之外，我很要求自己的得點圈打擊率。在二〇〇九年的黑象事件之後，球隊有很多主力球員都離開了，那時剛選進來的學弟都還很年輕，在這樣的情形之下，讓我必須在很短的時間之內成長為中心打者。在被排入中心棒次之後，教練和隊友們的期待就是我能在得點圈有人的時候，為球隊打下分數。

能擔任中心棒次很有吸引力，也很光榮，同時也是一種責任。因為教練信任我，所以這是一種榮耀，而責任就是在關鍵時刻得交出表現，尤其得點圈的攻擊能力，或是兩人出局時的攻分能力，這是我非常重視的。

為了做好自己的角色，我會觀察投手的球路，然後把這些記錄起來，下次再對上的時候，我會再拿出來看。在比賽之前，我都會按照紀錄去做準備。雖然我沒有辦法預測壘上有人的實際狀況如何，一切都是現場突發的狀況，但我在賽前就已經把自己準備好，知道該怎麼樣把人打回來。後來的我，反而在壘上有人時會更興奮，心裡會更想把分數打回來。

在我努力了一整季之後，二〇一〇年的總冠軍戰給了我非常深的印象。那一年的台灣大賽，我們是下半季冠軍，要對上全年度第一名的興農牛隊，那時媒體的話題焦點是放在兩隊重演二〇〇三年的對決戲碼，而之前象牛兩隊在二〇〇三年還爆發台灣大賽有史以來最大的衝突。雖然那是我沒有參與到的過去，但兩隊開賽之前的張力就非常高，加上那年有葉君璋從興農轉到兄弟，所以讓總冠軍賽充滿了話題。

兄弟在前兩年也曾連續打進總冠軍戰，不過最後都輸給了三連霸的統一獅，而在經過了黑象事件造成的戰力流失之後，其實那年兄弟並不被看好能拿下總冠軍。然而我們克服了劣勢，前三戰都拿下了勝利，第四戰準備在新莊主場封王拋彩帶。但那一戰，不想就此認輸的興農非常積極，賽前為了凝聚他們的鬥志和想要反敗為勝的氣勢，全隊統一拉高吊襪，展現出強大的團結力和反攻的決心。

將士用命的興農，在第一局就先得分，成功吹起了他們反攻的號角，即使是在象迷主場作戰，我可以感覺到他們的氣勢已經打了起來。面對這樣的問題，解決的辦法就是我們必須立即有所回應，不然比賽的勝利很有可能會就此被對手帶走。而在球隊落後的情況之下，一局下半我在得點圈有人的時候，把目標鎖定在製造打點，結果我打出了三分全壘打。這支三分砲出現之後，有效地打垮對手的反攻企圖心，我們就此領先到終場，順利封王。

閱讀他人的領導心法

在著名的領導學聖經《模範領導》（*The Leadership Challenge*）中，講述了五大重要的領導觀念，像是以身作則、喚起共同願景、向舊習挑戰、促使他人行動以及鼓舞人心。這些觀念的重點，就是要讓團隊中的人願意主動創造自己的成就。而我也從中得到了不少想法，也映證了自己一直以來的做法。

從二〇一〇年開始，因為球隊的變動，讓我必須瞬間成為主力球員，和其他學長共同擔負起領導者的角色。後來在我當了兄弟隊長之後，才更知道領導有多麼不容易。擔任隊長聽起來好像很酷，其實有難度，不只要帶心，也要炒氣氛。我做了一任隊長，後來也有擔任副隊長。那時我學到了一個觀念，我發現團隊就是一個整體，把基本的事情做好，才能帶來好的影響。

然而在擔任隊長的過程中，我也發現領導可以很單純。作為隊長，其實我並不會因此特別想要去激勵年輕球員或是隊友，因為我在擔任隊長之前就一直在做這樣的事情。我想，以身作則，為隊友找到解決辦法，就是最有效的激勵方式，如果等到當隊長才去做這些事情，我認為已經太遲了。相反地，我只是單純地做該做的事情，繼續做原本一直在做的事情，這樣對球隊才有穩定和持續的幫助，我並不會因為隊長的身分，而改變自己打球的方式和對待隊友的態度。

一直以來，我不太會對其他人生氣，也不會大小聲，但和隊友溝通的時候，我會比較碎碎唸，一直耳提面命地提醒他們場上的狀況。我自己在球場上有時確實反應會比較大，曾因抗議好球帶而被裁判驅逐出場，或是摔頭盔來發洩情緒，但那都是對自己表現的不滿，因為我很在意勝負，很在意自己的表現和貢獻，所以會和裁判起衝突。但我知道裁判也是人，是人就會犯錯，我也是一樣，所以我也會努力不讓我處理情緒的方式影響到自己或球隊。

隊上也都有心理輔導師，對年輕球員進行心理建設，試著告訴他們每一天面對勝負的結果，該怎麼享受成功和快樂，又該怎麼面對失敗和挫折，讓他們的心理有所準備。對我來說，也許之前累積下來的經驗，讓我對一切看得更開。畢竟棒球是失敗率高的運動，所以必須在明知會失敗的情況下，還能夠把負面的情緒處理好，然後去爭取最好的表現。在年紀漸長之後，我想要繼續往上變得更強已經沒有空間，於是我更為要求自己的穩定性，並透過數據和影片去找出「對手不足的地方」，然後針對對手的弱點去突破。如何因應老化及體能下滑的情況，持續以身作則，找出解決的辦法，強化自己的攻擊重點，才是關鍵。

隊上也有很多隊友，花了很長的時間才能上一軍，有時上來了沒多久，又掉到二軍去。我是很幸運地爬了上來，待在一軍很長的時間，所以有很多學弟會來問我該怎麼樣才能留在一軍。這時，我會習慣先問他們：「你覺得有什麼方法可以讓你在一軍待得更久？」因為我是一個比較會去說「方法」的人，而不是只用「鼓勵的話語」去面對他們。我覺得單純的鼓勵只是浪費時間，像學弟跑來問我該怎麼打安打，或是說他一直都打不出安打覺得很難過，我就會問他平常是怎麼訓練，從打擊、守備到體能的細節問清楚，幫他深入剖析之後，一起找出進步和解決的實際辦法，去協助他們「解決問題」。

如果遇到問題，我的領導方式就是協助他們一起找出解決方法。如果只是聽他們哭，對事情沒有幫助，也只是把負能量傳過來給我而已。我會試著給他們明確的方法，讓我們一起去嘗試看看，我的好奇心比較重，就像是個怪博士，會和隊友們一起去實驗不同的方式來做出調整。像是陳文杰、王威晨都會來請教我該如何走出低潮，或是該怎樣才能打得更好。我就是從自我檢視及資料蒐集開始，一步一步地去調整。如果有些人只是想要聽好話，那來找我也只是浪費他的時間，因為我不是很會安慰人，所以我不去解決「情緒的問題」，而是務實地去解決「實際的問題」，把時間放在解決問題上，而不是單純的安慰。

我常和自己說：「我努力都來不及了，哪有時間沮喪。」也會提醒自己鄧小平曾說過：「哭哭啼啼，沒有出息。」於是我會去找正面的力量來幫助自己。像是台灣超馬選手陳彥博就是我主動去認識他，找他出來聊天，因為我認為他有很多很有趣的特質。聊過之後發現，他雖然看來嘻嘻哈哈很輕鬆，但他是個很有深度的人。我只要一想像自己在沙漠跑馬拉松，我就覺得我做不到，但他卻以強大的心理強度去面對挑戰，而且他會把任何正面或負面的情緒變成自己的動力，不斷前進，這一點是很不容易的。

九局下半的體悟

棒球，看似是團隊運動，其實大部分的時間，仍是個人在獨力面對問題，去執行好自己的任務，而團隊就是能給予個人在執行任務時所需的支持和幫助。所以在九局下半，即使自己不能上場，也必須要發揮自己的影響力，為團隊帶來正能量。閱讀許多領導書就可以發現，這一切必須從平常做起，以身作則，才能為自己、隊友和球隊找出解決問題的方法。我期待我的隊友去解決問題，我也相信我的隊友能與我一起為球隊做出貢獻。

第三章

跌倒了，
那就拍掉紅土站起來

只要有競爭，人生就成了比賽。人生總是難免會遇到挫折，而九局下半就是我們要面對逆境的時刻。

人生中的逆境，就像我們會在比賽中遇到的狀況一樣，無論是受傷、低潮、壓力，或是外界的各種批評，這些從生理到心理的打擊，甚至還有我們怎麼也想像不到的意外和不公平，讓我們隨時都有可能要面對像九局下半那樣不知所措的落後與壓力。

當我們的人生和比賽緊緊交織之際，九局下半的壓力，就不再只是出現在九局下半。面對職棒生涯中的各種挫折和打擊，我該如何用自己的態度和方法去反擊？

受了傷，更要學會面對

在棒球生涯中，最容易遇到的挫折就是不能上場比賽，而不能上場的原因很多，最常見的就是受傷。但回想起我高中的時候，很多人可能想像不到當年我不能上場的原因是什麼。

只有球技差的，才會被派去出公差

當我剛進入「綠色怪物」高苑工商時，我的實力只在第三級的C隊，根本沒資格在重要的全國性盃賽上場，甚至連練球時都得要自己去爭取時間和機會。我記得國中那時候之所以想要繼續打球，原因除了好玩之外，也因為我可以去參加比賽而放公假。可是沒想到上了高中之後完全不一樣。雖然我還是經常因為練球或是比賽而不用去上課，但我卻沒有辦法待在場上，很多時候都是被派去「出公差」。

什麼是出公差呢？雖然聽起來也是很有趣的事，但常常和棒球沒什麼關係。像是幫忙出席候選人的造勢晚會，在車隊遊街拜票時，我們還跟在後面放蜂砲或是插旗子，黨內初選時還去幫忙計票，甚至還在神明出巡的時候去抬轎。對我這種部落來的孩子來說，一開始還覺得這一切很新鮮，因為我之前都沒有看過這些東西，但後來發現自己是因為實力不好，所以才總是被派去出公差。這時就覺得很難過，但也只能聽教練說的話，就當作是去「練身體、強化體能」。

那時我就有每天寫棒球訓練筆記的習慣，每一篇我都有在下面簽名和寫上日期。十月二十六日是我的生日，而我在隔天的棒球筆記上寫下的話是：「只有球技差的才會被派去出公差，好難過哦，真的好難過！」現在拿起來看時覺得很好笑，可是在當時寫的時候卻是心情沉重。

高二的時候，學校要選近四十名球員去日本大阪的甲子園球場打球，那時是余政憲當高雄縣長，安排了國際性的交流比賽，要讓高苑工商和日本高校明星隊進行兩場對抗賽。我雖然有被選進名單之中，但我一樣沒有機會上場，因為我到了國外還是要出公差。那時高苑工商的董事長也有來球場看球。當她坐在休息室裡的時候，球隊擔心界外飛球會不小心打到她，所以那場比賽我的工作就是個保鑣，拿著手套蹲在前面保護她。

那是我第一次出國，但相比小學第一次從花蓮上台北比賽的經驗，高中這次出國比賽就完全開心不起來，我就像是穿著球衣去觀光一樣，完全沒有機會下場打球。我們隊上每一個沒有辦法上場的人，都有分派好要處理這些場外的工作。我當下真的非常難過，那時覺得自己在爬上去第一級的A隊之前，除了上場之外，其他什麼事都有可能發生。

高中的我，不時地會翻閱著這些隻字片語，讓我拾起一些不同的力量，讓我努力苦練往上爬。像是有一篇寫著：「明天是錦輝第二次國手的出國比賽，雖然心裡有一點羨慕，但只能說自己的球技不如人。」看到從小一起打球長大的錦輝，進高苑不久就能入選國手，而我連上場打球的資格都沒有，更遑論要出國比賽，這樣的差距讓我更加想要努力追上去。後來高三的時候，球隊前往日本沖繩參加比賽，這一次，已經升上A隊的我才終於有機會以先發球員的身分上場。

好不容易爬上去，卻受傷了

高三那年高苑工商打完王貞治盃奪冠之後，因為我的打擊表現不錯，所以獲選進入第十八屆IBA中華青棒代表隊名單。那是我第一次入選國手，而且那一屆的陣容堅強，投手中有曹錦輝、林英傑、郭泓志、許志華、許竹見和沈鈺傑，野手有林智勝、陽森、高志綱，當時被稱為史上最強的中華青棒隊。因為比賽是在台灣舉辦，又是高雄澄清湖球場啟用的第一年，所以備受矚目，很讓大家期待。雖然郭泓志因為和道奇簽約而被中華隊除名，卻讓比賽更有話題和熱度。比賽開打之前，中華棒協還請了古巴隊來台灣打熱身賽，沒想到我在打最後一場熱身賽的時候受傷了。

那場比賽我先發打第五棒，在新莊棒球場打了支三壘安打，結果在滑壘時受傷，傷到了半月軟骨。隔天就要正式比賽了，但我的膝蓋整個腫起來，原本的先發機會泡湯了，只能坐板凳看大家比賽。那一年的錦標賽，最終我只有在對南非時上場代打一個打席。雖然很高興總算入選國手，但結果居然是因為受傷而不能上場。後來中華隊一路打進冠軍戰，才以九比十輸給美國隊拿下亞軍。

人生有時就是這樣，好不容易爬過一道道高牆，卻又有意外的打擊。

當我要從業餘轉入職業的時候，也出現過類似的受傷情況。我在國訓隊後期，因為搶接一個外野飛球而撞上全壘打牆，造成左肩膀受傷。那時我很擔心自己會因而沒有辦法加入誠泰，雖然後來仍舊被選進去了，但當時的復健條件及觀念並不完善，加上自己又想要趕快在職棒場上有所表現，所以忍著痛帶傷上場。我的臂力原本在業餘時期還算不錯，在大學時也經常入選中華培訓隊，當時還是個「雷射肩」，但受傷之後的復健沒有做好，又急著上場比賽，結果我的臂力就從此回不去了，只能變成「蕾絲肩」。

進入中職之後，我逐漸打出不錯的成績，也曾數度入選國家隊，但也因為傷勢讓我一再錯失了打國際賽的機會。像是二〇〇九年經典賽，我因為手掌勾狀骨斷裂，只能被迫退出。即使後來總算有機會在國際賽上場，但卻因為比賽造成的傷勢而影響我接下來職棒球季的表現，甚至還被下放二軍。

那時我是前一年中華職棒的年度MVP，在二〇一三年經典賽時的表現也很好，結果沒想到出現上背撕裂傷，而不得不在例行賽的時候休息養傷。當時我的心裡很急，很想要趕緊復出比賽，畢竟職棒環境是很現實的，你不能上場比賽，很快就有人會取代你的位置。然而硬著頭皮帶傷上陣的表現實在不行，最終只能下放二軍調整。那一季我的年資剛好屆滿可以申請成為自由球員，所以我的心理壓力很大，明明前一年還有高檔的表現，才隔一年就因傷而失去了舞台，原本在一軍享有的光環和掌聲全都不見了。

面對傷勢的正確心法

人在受傷的時候，身心狀況都會出問題，常常都是生理的傷勢引發了心理的恐慌，而我是一個找方法解決問題的人，在受傷之後，我會想辦法讓自己能夠很快地把問題給處理掉。所以我每天從早上醒來就一直努力地復健和訓練，不是跑醫院就是跑球場。在受傷期間，雖然常會被球迷酸，但也有關心我的球迷給我溫暖，所以面對那些無謂的謾罵，也就不覺得有什麼大不了。我把心思的重點放在該如何讓自己的傷勢完全復元，而不去想自己能不能恢復，或是傷好了是不是能夠打出更好的成績。

同時很幸運地，我從很早以前就開始和我的個人體能訓練師Jay合作，在我傷好了之後，做足了應有的體能訓練，也讓我在接下來的職棒生涯不再有嚴重的傷勢出現。早期的我，很多重要的基本觀念都不懂，都是Jay一步一步地帶領著我前進。像是在接受Jay的專人訓練之前，必須先進行一次個人運動能力的總評估。評估之後，我才知道自己在各方面都只是中等程度而已，唯一比較突出的部分是穩定度，於是Jay就告訴我該針對自己的特點去加強。

當時還沒有這些觀念，而體能訓練的師資和器材也很缺乏，直到最近這五年環境才有所改善，相關的軟硬體才開始變得更好。一直以來，Jay總是不斷地去充實自己，每年帶新的東西給我，把它轉換成我能消化的菜單。一開始我也不確定這到底有沒有用，也不知道效果究竟好還是不好，直到現在我有很多同梯的選手都退休了，我卻還能留在中職打球，才明白這一切的效用有多大。

其實要避免受傷最好的辦法，就是從平時的體能訓練做起。而自從那次受傷之後，我開始用正確的觀念去面對，以及適合的方法訓練自己，之後也不曾再因為受傷而被迫下二軍了。

九局下半的體悟

喜歡打棒球的人，總是想要上場比賽，無論自己是否受了傷不能打，心裡那種想打棒球的強烈欲望總是很難擋得住。坐足了整場的板凳，直到九局下半還沒有辦法上場的感覺確實很難熬。可是如果沒有好好控制自己，硬是逞強去打，情況只會愈來愈糟，離傷癒復出的那一天也會愈來愈遠，甚至還會留下後遺症。面對受傷而不能上場的情況，無論心理和生理都要做好復健、調整及準備，未來才能夠打得長遠。

別人對你失望，更要努力堅強

假球，一直是中華職棒的最痛。而我也曾經被風暴所襲，不知所措。回想起在米迪亞暴龍打球的那一段日子，我的心情已不是灰暗，而是黑暗。但我也從這樣的過程當中，經驗了很多情緒，也學到了很多事情，更因為生命中貴人的幫助，而讓我有機會挺過這一波可怕的「黑潮」，重新站起來。

難以想像的人生黑潮及低谷

之所以是「黑潮」，就是因為它的力量太強大，輕易地就能夠把人給吞噬了，即使我沒有同流合汙，但也讓我幾乎滅頂，差一點就再也不能打職棒。我從來沒有想過一支職棒球隊居然會被黑道把持，他們集資買下球隊打假球牟利，從外圍勢力搖身一變，成了內部老闆，從此能夠直接控制球隊，球員根本是無處可逃。

對我來說，這樣離譜的事情從一無所悉到親身經歷，從懷疑事有蹊蹺再到逐步證實，接著從威逼利誘再到無法上場，而在「黑米事件」正式爆發之後，又得面對外界不信任的懷疑眼光，直到洗刷汙名，恢復清白的那一刻，這一路以來，我的心境歷程實在有說不出的苦。

早在二〇〇五年四月十九日，誠泰銀行併入新光金控之後，因為新光金控沒有接手經營球隊的意思，所以誠泰Cobras必須找買家出售，那時大家就很擔心球隊和自己未來的前途。等了好久，二〇〇七年先是九禾開發表態接手，但在中職領隊會議中被否決，又讓球員們的心七上八下，好不容易二〇〇八年才有賽亞科技出手買下球隊，並以旗下企業米迪亞冠名組成暴龍隊。那時的米迪亞還跨足SBL超級籃球聯賽，才於前一年接下東森羚羊改名米迪亞精靈，成為台灣第一個同時擁有職棒及職籃球隊的企業體。大家都很開心一切總算塵埃落定，有了新球隊，換上了全新的球衣，可以全心備戰新球季。

只是球隊才一進入春訓就怪怪的，首先球隊的管理就不太正常，負責球隊管理的人居然是個完全的大外行，其言行舉止更帶著濃濃的江湖味。接著球季開打，在比賽當中陸續出現奇怪的調度。像是得點圈有人的時候，居然把主力打者換下來，改派年輕球員上場代打。這完全不符常理，但教練說那是為了要磨練年輕球員，既然教練都這麼說了，我們也只能接受。

可是情況愈來愈不對勁，球隊甚至開始分成兩派，已經屈服的球員那一派甚至會在球場或是休息室裡討論怎麼打假球放水。球隊的管理也出現兩種不同的做法，有些球員晚上可以放假出去，可是我們這些人就不能離開宿舍，甚至假日的時候還把我們留下來，要我們做電影欣賞之後進行討論，美其名說是要加強心理訓練，其實就只是不讓我們有機會和外界接觸。那時候通訊軟體還不發達，我記得iPhone才在那一年發表，個人通訊還是相對封閉，所以我們這些沒有參與打假球的人就這樣被球隊限制住。

因為前一年球季我在例行賽打出不錯的成績，所以也被他們鎖定為主要的吸收對象之一，那時球隊上下從教練、管理到翻譯，全部都有他們的人在其中，而我們身邊還有那些已經被迫妥協的球員作為監視的眼線。我記得有一次才和隊友們質疑隊上的一切怎麼會這麼不正常，話說完沒多久就被老闆約去喝茶。又有一次，我在身體沒受傷的情況下，被告知今天不用去球場比賽，時間到了，老闆還派了小弟把我接去汽車旅館喝茶聊天。說話的內容，基本上就是洗腦，要我屈服，這些黑道一直想要灌輸給我一個觀念，說現今這個社會就是「笑貧不笑娼」。

我始終不願意配合，只要有機會上場就是全力打球，等到他們想把我調離主力打線，我的成績已經打出來了。為了能夠順利操縱比賽的結果，所以他們就經常讓我去做一些無關勝負的事情，而為了掩人耳目，對外就說我是為了戰力的調整而先休息，等比賽到了後半段再把我換上來。

這一切，徹底地破壞了我從小對職棒的完美想像，這些不可思議的事情，就這麼直接地發生在我自己身上。我看事情的角度從此不一樣了，以前的我比較單純，現在卻是踏入了複雜的社會。當時我發現，自己努力打球不一定能生存下去，甚至得要不努力打球才有辦法繼續打球。

那時我有和家人講到這些事，他們都勸我不要打了，當然我也想過要離開球隊，可是又害怕從此就被貼上標籤。為了要清清白白地繼續打球，我除了在心裡希望這一切不要再惡化下去，開始試著運用自己的智慧去面對這些事情。我不敢和他們正面衝突，所以只好避免硬碰硬，同時也去請教可以信賴的師長，也和堅持不打假球的隊友們一起討論該怎麼辦。

人說伸手不打笑臉人，所以面對黑道的威脅利誘，我只能笑笑地面對，虛與委蛇，而對方也想要用懷柔的方式來和我磨，這也正好讓我有機會能拉長戰線，等待轉機，這麼一來，我的父母、家人也不會有直接立即的危險。那個時候，我能想到該做的事都做了，該通報都通報了，而我們去問的那個人，就說我們要提出證據，但我們怎麼知道這個人和球隊有沒有關係，被抓到的話我們不就完了。

因為經歷過在米迪亞發生的事情，讓我一度對人充滿了不信任感。從小我都是很主動地去接觸我想要認識的人，只要那個人有吸引我的特質，我都會很主動地去認識和交往。但在那一段時間裡，我整個人都變了，不僅對陌生人會充滿著懷疑，就連對認識的人也會抱著警戒心。

到了那年十月，板橋地檢署檢察官帶隊大規模搜索米迪亞總部和球員宿舍，所謂的「黑米事件」正式在媒體上爆發開來，不久米迪亞暴龍就被中職除名，地檢署發動一波波約談行動。接著大量的新聞不斷發酵，我也開始被扣帽子和被抹黑。像是我明明就是以證人的身分去地檢署應訊，也沒有交保候傳，但從新聞照片上看起來就像是我也成了共犯。

那時集各種壓力於一身，不只害怕球隊解散了沒球可打，更害怕會被假球事件影響，從此無處可去。過去有很多球員明明就沒有涉案，但又被迫離開球界，像是當年時報鷹裡就有很多這樣背上黑鍋的人，他們沒有被判刑，也沒被起訴，甚至沒有交保，但一樣沒有球隊敢留他們下來。我更害怕自己一旦被迫離開棒球界，人生就此被貼上汙名標籤，到時去哪一個企業都有異樣的眼光跟著我，我走到哪裡，都會被認為是個打假球的人，也沒有人會在乎我究竟是不是清白的了。

那個時候，我的壓力大到開始掉頭髮，洗頭的時候就是一大把一大把地掉，而且還出現胃潰瘍，情緒、身體和心理都出狀況，就連經濟收入也有問題。球隊被中職除名了之後，我們也領不到薪水，還得因為資方積欠的薪水而去勞工局申請協助，我們這些職業球員根本就不知道該怎麼處理，聯盟也沒有伸出援手，而我就被迫要在一瞬間長大。

溫暖的電話，伸手幫助我的貴人

當事情尚未水落石出之前，除了身邊親近的人之外，感覺起來根本就沒有人願意相信我。我還記得我被叫去複訊的時候，明明我就是以證人身分前往，但進了地檢署卻是和其他的煙毒犯人排在一起，而且問訊時還被測謊。當我知道有些證人不用測謊的時候，我覺得自己也被懷疑了，在經過了一整天的問訊之後，我整個人都快要崩潰了，還跑到廁所哭。情緒還沒完全恢復過來，一走出去又要被外面等候的媒體大哥們很兇地追問：「周思齊，你有沒有收錢？你為什麼要打假球？你講一下嘛！我們等很久耶！」我根本不知道該說什麼，感覺好像說什麼也沒有人會相信，只好沉默以對地離開。

就在我離開地檢署的時候，突然電話響了起來，我還在遲疑該不該接這個未知的號碼來電，結果電話的那一頭居然是中信鯨的總教練謝長亨。他電話中和我說他相信我，希望我能去中信效力。那時接到那通電話，真的覺得很溫暖。只是這一切後來也沒有下文，因為前一年發生「黑鯨事件」的中信鯨隊，不久之後也在二〇〇八年十一月正式宣布解散。

這時的我只好準備離開職棒，開始替自己找其他出路，於是我邊練球邊接觸學校，希望能找到教職。因為米迪亞暴龍和中信鯨一起解散，突然多出了很多沒有球隊可去的球員，大家都在找工作的機會，也希望能繼續打棒球，可是機會少得可憐。像那時我和很多球員一起參加日本兩個獨立聯盟所舉辦的戰力測試會，最終這麼多人當中只有一個人被日本球隊選走，但那人並不是我。

一切的轉機，是要等到當年度的頒獎典禮。那一年我以外野手的身分，生涯第一次被媒體記者們選為中華職棒年度最佳十人之一。因為米迪亞教練調度的關係，我那一年的實際出賽數不像之前那麼多，但也已經符合敘獎的資格。當我知道自己入選的時候，就很掙扎要不要去頒獎典禮。雖然檢調並沒有任何證據說我打假球，而我一直只是以證人身分去應訊，也從來沒有交保候傳，但當時已有部分米迪亞球員坦承犯行而交保，中職的規定是一旦交保就立即開除，永不錄用，所以整個氣氛風聲鶴唳。

社會輿論中也有部分聲音認為我是有疑點的球員，網上更有很多球迷罵我。對於這些批評和指責，我明明怕得不敢看，但又忍不住去看有沒有人相信我，結果看了之後當然難過得不知道該怎麼辦。那時除了我之外，米迪亞暴龍隊裡只有一個隊友郭銘仁因為入圍游擊手金手套而受邀參加頒獎典禮。我們一直很遲疑到底該不該去，但我想既然自己沒有做錯事，何必要躲起來，最後我決定出席，銘仁也才硬著頭皮和我作伴一起去。那一年，我們是米迪亞暴龍唯二出席的球員。

典禮當天，我和其他球員一起依序走星光大道，我清楚地記得恰恰是在我前面兩個出場的球員，球迷一看到恰恰就大聲歡呼尖叫，但等到我出場的時候，全場卻是鴉雀無聲。我頓時覺得自己來錯了地方，也不知道該不該繼續往下走，那段路明明就很短，但我卻走了像是十年那麼久。那天與會的球員一開始也與我保持距離，我就像是佛地魔一樣，大家都不敢碰我，也不太敢和我講話，無論球員、教練、師長，都不敢與我有所接觸，我就像是透明人一樣，明明存在但又好像不存在。在當下覺得自己是千夫所指的罪人，承受著這些來自四面八方的異樣眼光，我心裡想：「我不是來領獎的嗎？怎麼像是活受罪一樣？」

為了準備得獎感言，我在前一天就把稿子寫好，因為我很害怕自己到時候上台會因為緊張而講錯話。短短一分多鐘，現場有球迷大聲為我加油，等我說完了之後，在掌聲中走下台，就有球員伸手跟我握手說：「辛苦了！」那時我也是賭一把，決定豁出去，孤注一擲地把自己心裡的話說出來。而在我說出來之後，一切真的有所改觀。到了十二月，中職舉辦特別選秀會，從兩支解散的球隊中篩選出聯盟認為清白乾淨的球員，讓剩餘的四隊去挑所需的戰力，我也因此加入兄弟。這中間的契機，正是因為他們聽了我在頒獎典禮上所發表的感言之後，決定相信我。而選我進兄弟的人，正是我小時候的偶像王光輝。

一切，終於撥雲見日了。

九局下半的體悟

當我發現自己身處在一個打假球的球隊時，我的棒球生涯就像進入了比賽的九局下半，隨時都可能結束。後來回想，我才發現那段時間對我的人生很有幫助，經歷這一切的過程，竟是幫助我的一種成長。面對這樣的逆境，我試著去改變想法，提升智慧，拉長戰線，保護自己。即使因為外界的指責讓我的心中充滿了負面的情緒，但我努力不讓自己一直陷在那樣的情緒裡，就像大學時代老師教我們的一樣，我讓自己想辦法去解決問題。

面對酸語，要配「甜思考」

這個世界上是有酸民的。他們躲在螢幕後面，用鍵盤打出傷人的語句，在廣大的網路中不斷地散布。一旦在意地愈深，受到的傷害也就愈重。作為職棒球員，我經常要面對球迷的批評及攻擊，那也是一種心理上的打擊及挫折。

我了解有些球迷因為太在乎球員在球場上的表現而有比較大的情緒反應，一旦比賽結果不如預期，他們的批評也會很嚴厲，這些我能努力地去虛心接受；然而，有時候我也看到有些人並沒有顧慮到別人的感受，沒有想過自己說的話是否會傷害到其他人，面對這種有傷害性的話語，我也必須發展出不一樣的心態和做法去解決心理上的壓力。

網路霸凌無所不在

網路興起後，大概是因為虛擬帳號看不出你是誰，加上串聯及散播訊息變得非常容易，取笑別人變成一件很簡單的事情，結果敢嘲諷的人愈來愈多，說的話也愈來愈「酸」，而造成的負面影響也愈來愈大。

我還記得水墨漫畫家鄭問老師在二〇一七年驟然辭世，他的弟子鍾孟舜老師努力地要將鄭問老師的作品送進故宮展出，當時許多人都笑這是不可能的事情，畢竟故宮從來沒有展出過任何一個漫畫家的作品。當時鍾老師感慨台灣人對於鄭問的藝術成就充滿冷漠，這一番話引來許多酸民發言攻擊，像是：「十個人有九個沒聽過，在台灣又不紅」、「在台灣不會有多少人看」、「這國寶連Jump的新人都不如，你們當國寶」或「還不是為了錢」等等，即使不是當事人，光是聽到這些話就很令人難受。

會提到鍾老師，其實是因為他跟職棒有相當深厚的淵源，職棒元年的統一獅、三商虎、味全龍、兄弟象這四隊元老的吉祥物，都是出自鍾孟舜老師的創作，當年他在兄弟飯店擔任美術設計，可說是資深的「兄弟人」！也因為這一層關係，讓我對他當時面對的處境更感到不捨。

酸民的攻擊，有時不只讓人聽了難過，嚴重時真的會殺人。之前二〇一五年藝人楊又穎Cindy的自殺事件就讓大家注意到了網路霸凌會有多麼可怕的後果。我曾經跟Cindy一起上過節目，在出任務的過程中，覺得她是一個開朗又健談的人，沒想到後來她因為網路上對她大量不友善的不實訊息而使心情大受影響，最後竟走上自殺的絕路，真的讓人覺得心疼且遺憾。

而在兄弟打球的我，也常因為場上的表現不好或是失誤，成了酸民攻擊和取笑的對象。像是之前因為受傷不能上場，就被說成「薪水小偷」，說著說著我在鄉民的嘴裡成為「薪水小倫」，只要一打不好，就有人用「小倫」來稱呼我；而我的名字也曾被改成「冏思齊」，後來再一路演化變成「甩恩齋」。我在打得好的時候才叫「周思齊」，打不好的時候就是「甩恩齋」。「甩恩齋」叫久了，又有人叫我「甩甩」。這些揶揄的稱呼，常常讓我在電腦前哈哈大笑，只能說這些用字真是有創意。我雖然不會因為大家改了我的名字而感到太難過，但這無形當中也是一種壓力。

我記得之前緯來的楊正磊主播開玩笑地叫我「中職劉德華」，而有一次我在台日交流義賽時，在大阪巨蛋外野要接一個平凡無奇的簡單高飛球，結果卻不慎滑倒而漏接，那時感覺真的很糗，我在網路上又立刻多了一個新外號，叫做「中職劉德滑」。

這些話語因為閱讀者的解讀不同，也會有不同的感受，再加上網路傳播速度非常之快，不管好的、壞的都有，甚至我們都無法知道網路所散播的內容是否有經過求證，也不知道是真的還是假的，一旦我們太在意個人負面的消息，擱在心裡的人往往就會很吃虧。

轉念就有出口

我沒有辦法去制止這麼多酸言酸語，若想要正面對決每一個酸民也根本是不可能的任務，我能做的就是更積極地去面對自己的情緒。若我表現真的不好，我也是會努力再努力，並且會學著去自我解嘲，發展出不一樣的應對方式。

當我因為打不好而被鄉民叫做「甩恩齋」之後，我試著轉換念頭，找尋出口。當人家酸我，開我玩笑，我也就順勢而為，把反面嘲諷變成正面思維。像是我們請設計公司幫忙，以「甩」為核心創造出的潮牌「甩」帽，再和公益結合，請到《KANO》的主角曹佑寧當模特兒，號召大家買甩帽一起甩甩，再把所得贊助球芽基金，結果得到不錯的迴響，甩帽銷售一空。那時在頒發棒球獎學金的時候，我們也發給每一位受獎球員一人一頂甩帽，代表著我們是一起努力的團隊，讓甩帽成為一種精神的象徵。「甩」成為新的代名詞，有了新的意義，從此也有人開始叫我「甩哥」。之後也從甩帽延伸出了許多相關商品，它們所創造出來的收益，都讓球芽基金有了更多的支持。

之前球團以「鄉民日」為主題在主場推出相關活動，我就覺得相當有意思，也持續地運用鄉民文化中的正面元素，讓它們成為公益活動的一種助力。我們有請設計師創造出兩個通訊軟體用的貼圖人物：「甩甩幽」和「粗乃丸」。每次有人在網路上呼叫「甩甩」的時候，就是「甩甩幽」和「粗乃丸」出來玩的時候。

「甩甩幽」的造型是「甩」字的外框為輪廓，他來自於虛擬世界，是鄉民正面的能量或是負面的情緒累積聚集而成的。看似跩跩，但是有著正義感、勇於說真話，具有一顆正義良善的心，代表著從網路虛擬向現實世界發聲的概念！

「粗乃丸」外表呆呆，但內心善良單純，常不小心說了太多真話而引起一陣波瀾。你若是問我「粗乃丸」是什麼動物？我會告訴你，他是一隻襪子！這樣的虛擬人物都是從鄉民的創意之中進而創造出來的，但是他們的個性很真實，也很貼近現實，因為我們身旁多多少少都有這樣的人存在。所有貼圖的收益扣除成本之後，也都投入球芽基金之中，作為關懷基層棒球活動之用。

在我的職棒生涯之中，總是不時地要面對批評的話語。有些話我會聽進去，當作是激勵我成長的動力；而有些不必要的酸言酸語，我則是會努力像個吸水的海綿，只要用力一擠，之前聽到的負能量就能夠像海綿吸到的髒水一樣，全部被擠出來清掉，完全不要留在自己心裡。

這樣的過程真的很艱難，所以我真心地希望，自己這些將負面嘲諷轉化成正面思維的做法，能夠為這個世界帶來更多的正能量，也能夠給許多人一種支持和了解的力量，讓他們在面對網路霸凌或是惡意批評的時候更有勇氣。但如果真的覺得喘不過氣來的時候，也別忘了可以求救，這世上的好人還是很多的。

九局下半的體悟

二〇一七年八月的時候，我曾在個人的ＩＧ上寫下這句話：「面對酸語要配『甜思考』，就像檸檬水配蜂蜜一樣好喝。」有時面對惡意的批評，就像面對九局下半的壓力一樣，會讓人感到害怕和無助。我努力發展出面對這些攻擊的正面心態，讓自己無論在場內或場外都能以積極思考來應對。無論是在網路上或是現實生活之中，也都希望大家能有多一點同理心，讓這個世界更美好。

低潮，只是高峰的前奏曲

棒球場上很容易遇到低潮，無論是個人的表現或是球隊的戰績，都有可能碰到低潮的打擊。造成低潮的原因也有很多，從生理上的受傷，到情緒上的受創，有時甚至是莫名奇妙的鬼打牆，怎麼打就是打不好，根本沒來由。我們的人生，其實都在學習著該怎麼面對這些低潮，試著趕快走出來，而人生的每一個階段，其實會發展出不同的應對方式。

從懷疑自己到學會分析自己

年輕的時候面對低潮，會很容易懷疑自己，擔心自己沒有能力在職棒場上生存，所以會很緊張，想要趕快衝破低潮，結果吃太快反而會弄破碗，愈打愈糟糕。那個時候我身上也有傷，常常帶傷去球場一直練球，結果受傷的身體難以負荷訓練的強度，也無法獲得充分的休息復元，最後也打不出應有的效果。

後來打過幾個球季，逐漸有了經驗之後，我在面對低潮的時候已經不會不知所措，因為我學會分析自己，找出問題所在。我不喜歡把時間放在思考壞東西上，所以我總是去想解決問題的辦法。如果是「受傷」造成我的低潮，我會開始去設定目標及分析自己的狀況：我打算要花多少時間解決傷勢，之後該怎麼恢復手感，整個過程又是如何進行。像是二〇一三年打完經典賽時背部拉傷，接下來馬上又要立刻面對中職新球季的例行賽，我就把目標定在傷癒後自己能維持在一個穩定的狀態，不用衝到高峰，只要保持良好的體能，逐步調整就好。然後要求自己在養傷期間不要一直去想著一些負面的劇情，像是：「如果傷好不了怎麼辦？如果有後遺症不就完了？這中間會不會有新秀搶了我的位置？」因為事情根本還沒發生，愈想只會愈懷疑自己。同時也不要在狀況不好的時候還拚命練習，這樣反而會讓身體記住不好的感覺，到時忘不掉就糟了。一旦身體不小心記住了這種低潮感，不只會干擾我接下來的好狀態，甚至我自己的身體也會搞混，不知道哪一種才是我要的球感。

年輕的時候不懂這個道理，常常會困在自己腦中的幻想裡。後來我才發現：我何必一直在想不好的事情呢？我應該要一直想著好的事情才對呀！所謂「心想事成」，如果一直想著不好的事情，不好的事情也就會成真的！

同樣的道理，我會在狀況最好的時候，加重練習的分量，例如今天單場打出四打數四安打的好表現，平常賽後練習揮棒是一百下，我會再多揮兩百下，讓全身的細胞吸收好的餘味，努力記住那種感覺。每個選手的狀況都有高低起伏的時候，既然在狀況不好時會一直問自己：「你為什麼打不好？」那在狀況好的時候，你就更應該要問自己：「你怎麼可以打得這麼好？」因為高潮很少出現，所以更該思考該如何留住自己的好狀況，然後努力把所有當時狀況好的原因和細節都寫起來，記起來。我會分析得很細，從當時的情緒、體重、飲食、作息時間都寫下來，甚至那時候見什麼朋友，留什麼髮型，穿什麼衣服，怎麼配色，只要想得出來的，我全都記下來。聽起來可能很好笑，但我就是這麼做，來幫助自己記住那種感覺。然後在低潮的時候，藉由這些記下來的細節去協助自己回想，來恢復自己的狀態。

年輕的時候沒有辦法去分析這麼多，只能不斷地去問別人，但別人也不見得知道該怎麼幫助我。我希望我的分享，能夠提供喜歡棒球的人一個方法，讓大家知道我的經驗是如何幫助我去解決問題。

從相信自己到超越自己

當我對自己的實力已有了充分的認知，即使遇到外界認為的「低潮」也就不再是問題了。像是之前我沒有入選十二強的二十八人名單，許多人說我是「遺珠」，甚至說我已經過氣，被世代交替了。這種時候，年輕的我可能會陷入情緒的低潮。但我在名單出爐的時候，看著五名入選的外野手：張建銘、高國輝、王柏融、張志豪及陽岱鋼，我腦中出現的問題不是「為什麼不是我？」而是「誰比我更適合？」然後我就看著名單開始分析外野手的戰力。身為一個外野手，需要的是什麼呢？我擁有哪些特質可以為中華隊效力呢？和名單中的選手相較，我的實力又是如何呢？

一、臂力：嗯……火哥張建銘的臂力我贏不了，而打擊火力，火哥都能開外掛的！

二、POWER：有著桃園王加全壘打王的高國輝，嗯……我贏不了！

三、揮棒速度：問鼎新人王的柏融大王，嗯……我也贏不了！

四、守備範圍、跑壘速度：雖然我被人稱為「腿哥」，但是論守備跟速度仍然被志豪狂電，嗯……我贏不了！

五、帥氣：這我覺得我多少能跟陽岱鋼稍微抗衡一下……，但外野手要的是守備能力與速度啊！岱鋼，仍然贏了！

綜合以上所述，如果我是總教練，當然不會選周思齊啊！感謝那些為我抱屈的球迷朋友們，非常感謝許多人對我的抬愛與支持，不過那時我真的沒有唱著

〈我難過〉，畢竟這麼重要的賽事，我們一定要透過理性地分析戰力指數，組成最棒的中華隊。反而我認為那時最大的遺珠是余德龍！這位被球迷朋友們尊稱為大谷德龍的選手，有著內外兼優的防守能力、兼具有高成功率的戰術執行能力、腳程快、臂力佳，重點是，關鍵時刻還能當投手喔！這麼全方位的選手沒有入選真的相當相當可惜。

不過我也不會妄自菲薄，因為我知道我也是有自己的特殊技能——也就是強大的選球眼！上一屆經典賽我選到了不少的保送，也被媒體封為「亞洲選球王」。因為我清楚了解自己的特色，也相信自己的能力，就不會被外界影響，就能超越這些情緒的低潮，打出自己應有的棒球。

那個不敢走進去的小圈圈

很多時候，大家都只會看到球員在打擊區上的表現，其實在上場之前，在打擊預備區裡還有另一種球迷朋友看不見的天人交戰。打擊預備區是在場邊有一個小圈圈，讓下一棒的打者準備打擊的地方。

當我在打擊預備區的時候，會看著前一棒打者的情況，戰況的發展，然後思考等一下上去打的時候，我該怎麼辦。那個小圈圈是我在比賽中最多情緒交雜，也是最多策略思考的地方。如果我的狀況好，那個小圈圈就像是一個很棒的起點，就像要跑一百公尺賽跑，充滿能量的你只是在等槍響的那一刻，然後衝出去跑贏所有人。如果狀況不好，處於低潮，那裡就像地獄一樣，不斷地會有小惡魔出現，在你的耳邊唸唸唸，讓人非常煎熬。

很多時候，大家都站在那個小圈圈外面，不想進去，我自己也是一樣，因為站在圈圈裡面會覺得被自我侷限，不想要那種被封閉起來的感覺。而我的習慣是把前一棒用的各種裝備，像是加重環啦，止滑粉啦，都把它們整理好，放在那個小圈圈裡。因為以規定來說，對方捕手在界外區接高飛球時，若是被這些未放好的東西絆到而妨礙到他的守備，裁判是可以直接判打者出局的。

除此之外，我在打擊預備區裡的另一個習慣，就是我上場之前的攻擊儀式，我會雙手拿住球棒，高舉過頂之後往後伸展，完成我的攻擊準備。這樣的習慣，十多年來都沒有變過，這是心理學上所說的自我覺察，用來自我放鬆，告訴我自己：「我準備好了！」

無論我的狀況是高檔還是低潮，我在場上的準備動作和在場外的訓練習慣都是一致的。即使低潮很像是那個讓人不敢走進去的小圈圈，有時也像是個讓人很難走出來的地獄，我都會把低潮看成海浪起伏一樣，它只是下一波高潮前的前奏曲。我只要把自己準備好，就能等著迎接成功的高峰。

九局下半的體悟

「低潮是一種很玄的東西，如影隨行，無聲又無息出沒在心底，轉眼，吞沒我在寂寞裡，我無力抗拒……」我知道我改了〈我願意〉的歌詞，因為一切就像這首歌唱的一樣，低潮會糾纏人到難以呼吸，很多時候，為了能把低潮趕走，什麼我都願意。但就像我上場前的攻擊儀式一樣，只要用對方法，保持一致，低潮總會過去。把時間拉長了來看，人生的發展曲線不會永遠都在低潮，也不會一直都在高檔，而且，若是沒有低谷，哪有可能創造出高峰呢？

面對壓力，超越勝負

工作的壓力無所不在，隨著年紀的增長和身分角色的轉換，各種不同的工作壓力也會隨之而來。作為一個職棒球員，「打棒球」是我的工作，「打好棒球」則是我的工作績效目標，如果沒有達到要求，那麼來自老闆、同事和自己的壓力可不小，這一點和所有在職場上工作的人都一樣，但這中間又有一些不同。

年紀的壓力

每一個人都會老，雖然有許多工作是隨著時間累積經驗，讓愈資深的員工愈有價值，但也有許多工作對年紀的要求很嚴格，即使經驗很重要，但和年輕的同事一比，可能體能走下坡了，或是觀念不夠新了，就得面對失去工作和表現機會的壓力，職棒就是這樣的工作。

對於年紀造成的壓力，我並沒有害怕，也很期待和年輕一輩的隊友公平競爭，不要因為我年紀比較大，就給我優待的特權。我還記得前總教練史耐德剛來的時候，他會在球隊訓練基地裡掛上三個牌子，分別是「一軍」、「一點五軍」和「二軍」，然後就把每一個球員的名字依照教練團的戰力評估分成三組掛在下面，而一開始我的名字是被掛在「一點五軍」。對我來說，過去除了少數受傷下二軍的情況之外，我一直都是一軍的選手，沒想到會被評為「一點五軍」。這種做法很酷，給我的感覺也很新鮮，它更重新點燃了我的戰鬥力。

史耐德總教練在美國職棒小聯盟體系執教多年，小聯盟的球員升上大聯盟之前，就是一路從一A打到三A，也在不同的層級之間升升降降，小聯盟的教練們就是要找出能升上去比賽的菁英，以及要拉下來繼續訓練的球員。而我一直就是那種「醜醜地打，醜醜地接」的球員，我的姿勢不漂亮，天賦也不是那麼顯眼，所以很容易就會被評為戰力不好，這也讓我想要再一次挑戰自己。

我當然可以說「老子是一軍的球員，你憑什麼把我拉下來？」那時志豪看到我的名牌沒有被掛在一軍的時候，他還很為我打抱不平，但它激起我不服輸的精神，我告訴自己我會拿回我的位置，我會用我的努力擠上一軍。直到有一天史耐德總教練把我叫進他的辦公室，當面恭喜我說現在我是在一軍的名單時，我知道我成功了。

我是和許多年輕的新人一起競爭之後才出頭的，對於老闆的評價和同事的競爭所帶來的壓力，我一直都有清楚的認知，因為我知道老化無可避免，退化只是早晚的問題。好險現今的運動科學很發達，智慧型手機和訓練專用軟硬體也開始普及，讓自我訓練變得相對容易，加上我和個人體能教練Jay過去這十年來的持續訓練，讓我面對年紀壓力時的想法和做法變得十分健全。

我不希望自己是因為年紀太大，容易受傷或是陷入低潮不能再打，最後被迫得離開，所以我會保持住自己的穩定性和節奏。我當初怎麼練，現在就怎麼練，未來也是這麼練，直到我離開，都不會因為我變得資深而減少。我只會針對不同年齡的需要去微調內容，但練球的態度始終不變。我怎麼苦練進來，就怎麼苦練離開。這很困難，但難的事情才會吸引我去做。

破紀錄的壓力

在職棒場上，我的表現就是我的業績。每一個人在工作的時候，就是要有好表現才行，職棒球員也是一樣。作為一個打者，能在一場比賽打出三支全壘打，大概是我能夠繳出最好的「單日業績」。

我曾經在二〇一八年八月二日締造單場三響砲的個人紀錄，踏入職棒十多年，真沒想到自己還有機會在這紀錄上留下名字，單場三響砲到底有多難？我用棒賽數據來告訴你！從職棒元年到二十九年，中華職棒史上共出現了二十九次三響砲，平均一年才會出現一次，共有二十五位球員達成這項紀錄。但其實並不是年年都能看到三響砲，職棒一直到了第三年，才由三商虎林仲秋打出了中職史上第一次三響砲，而過去這二十九年之中，其實有十年是一整季都沒有球員打出三響砲的情況。

至於兄弟隊史的三響砲紀錄都很有意思，像是隊史第一個打出三響砲的奧力偉，在一九九七年就首度締造單季兩度三響炮，第二場時還單場包辦了十一分打點，也是目前三響砲中打點最高的紀錄。第一個在季後賽創下三響砲紀錄的則是恰哥彭政閔，這項紀錄出現在二〇〇八年，不僅是季後賽首度出現三響砲，而且還是連三打席全壘打！而第一個在總冠軍賽擊出三響砲的球員，則是生涯兩度連三打席擊出全壘打的林智勝，他在二〇一六年為兄弟打下此一紀錄。

二〇一七年單季就出現三次三響砲，而三位打者全是兄弟球員，分別是陳子豪、曾陶鎔與詹子賢，都是不超過三十歲的小鮮肉，這些小鮮肉砲火猛烈，身為學長的我都嚇壞了。史上最年輕的三響砲是二十一歲九個月的陳子豪，而史上最資深、最老、被稱為是「老砲兒」的三響砲則是由三十六歲九個月的周思齊所締造。

天天三響砲，當然不可能，但每一次上場就是要努力去打出好成績。職棒球員除了要面對每一天都要繳出好成績的壓力之外，另外還有一個破紀錄的壓力。也就是隨著時間過去，各項表現數據會不斷累積，像是千安、百轟、百盜等等，這些都會形成一種球員想要去挑戰的里程碑，這些也都是很難達成的紀綠。

剛進職棒的時候，我壓根沒想過自己能夠達成任何紀錄，但隨著我逐漸站穩先發，這個念頭就開始出現，而隨著我的數字逐漸接近，那種破紀錄的壓力也就愈來愈大。我很希望能加快速度，但也知道這事情急不得，畢竟欲速則不達，除了一個打席接一個打席好好地去挑戰之外，就是維持自己一貫的訓練方法及思考模式去面對。

每天從早上到中午就是我固定的訓練時間，這是我多年養成的習慣。無論如何，我一定會預留時間出來訓練，就算是陪家人出去玩，我還是一樣早上訓練，下午再陪他們。現在真的很方便，只要透過網路去購買訓練時數，就可以在國外和訓練師做一對一的訓練。我也會使用冥想的方式來清除負面的雜念，對我來說，冥想就是在通勤、散步或是空檔的時候進行，不見得要像一般人想像的那樣正襟危坐，但重點就是讓自己沉澱，把不好的雜質清掉，留下乾淨的心。而我從高中就有記下心情和想法的習慣，一開始只是無心插柳，但直到現在還是繼續寫。這不算是我的日記，而是我的訓練日誌，包含我所做的體能訓練、重量訓練和技能訓練的種種細節。

我是在二〇一五年達成第一千支安打，那時壓力與雜念非常多，但靠著這樣的訓練方式和思考習慣，可以讓我繼續穩定地前進。愈接近紀錄的時候，我一直在想達成的那一刻會有什麼感覺。而我也一直在想，這樣的我居然可以接近這個紀錄，實在不可思議，也很感動。在完成的那一刻，心裡的感覺都是惜福和感恩。

二〇一七年，我在完成個人職棒生涯的千安百轟之後，也成為聯盟史上第十二位達成此一紀錄的球員，我的名字能和這些偉大的球員並列，真的是一種榮耀。我從一開始不覺得自己能夠達成這個紀錄，到現在我會思考自己該怎麼達到，這中間的改變真的很大，未來我的目標是再完成生涯百盜。中職三十年，來來去去的球員這麼多，之前卻只有六名球員能夠同時完成千安百轟百盜，所以這是一個很值得我繼續去挑戰的目標。（我終於在二〇二四年六月十六日達成生涯千安、百轟、百盜的紀錄，是中職史上第九人）

情緒的壓力

打不好的時候，那種情緒的壓力很大，不只是難以面對球迷、隊友、教練和媒體，更難的是如何面對自己。我想起之前一場對義大犀牛的比賽當中，在學生時期和我一起生活最久的學弟「阿財」蘇建榮，七局上因為跑壘失誤在二壘前被觸殺出局，攻守交換時他走向中外野的路上，忍不住哭成淚人兒，就可以知道這種情緒的壓力有多大，當時他的反應也引起媒體和球迷極大的關注。

我完全能了解阿財的壓力，因為自己的跑壘疏失而被觸殺，這樣的失誤確實不該發生在職棒場上，更何況他並不是先發主力球員，而是在比賽後半段上來代跑和代守的選手，這樣的一個失誤可能就會讓他失去在一軍出賽的機會。但我非常佩服阿財的敬業精神和在乎的態度，他在防守的時候，總是賭上自己職業生命去撲接每一顆球；在打擊的時候，也會不閃近身球，用自己的身體去換取上壘的機會；每次打擊出去，更是像隻飢餓的獵犬，飛也似地奔向一壘。也因為他如此在乎自己的表現，所以他的情緒壓力才會這麼大。

對阿財的情緒，我感同身受。在我自己年輕的時候，一旦打不好，就會覺得辜負球迷和隊友，但在我成熟了之後，我會認為只有在自己沒有認真練球和比賽的時候，才是辜負了大家。之前我看過一篇報導指出，「在甲子園比賽因為輸球而嚎啕大哭的選手，就算將來進職棒也成不了大器。」結果，正如這位記者所預料的，那位頗受矚目和期待的明日之星，在進入職棒之後鋒芒就逐漸黯淡，始終打不出好成績。這位記者也舉例，達比修有和田中將大等許多超級球星在甲子園輸球後都沒有落淚，反倒是笑著離開球場，他們控制自我情緒的能力，讓自己清楚明白甲子園不過是棒球人生中的一個過程，將來還有很長的路要奮鬥。這位記者的論點是否正確還有待討論，但他所說的：「職棒選手必須具備高度情緒管理能力，才有機會成為優秀的選手。」這樣的論點在某種層面而言是可信的。

如果我不能管理好自己的情緒，對於每一個球場上的失敗都認為是辜負球迷的話，那我真的會發瘋。畢竟在棒球比賽中，每天都要面對失敗。再好的打者，即使有四成打擊率，但這也代表他每十次就會失敗六次。如果每一次失敗都要難過的話，他要怎麼快樂得起來？

從另一個角度來說，正因為常常要面對失敗，所以只能享受到一點點的快樂。一旦成功，那個快樂是非常非常快樂的。作為一個職棒球員，「快樂打球」是不切實際的說法，但「打球很快樂」卻是不爭的事實。畢竟練球辛苦，打球又常會失敗，快樂的時光很短也很少，但也因此讓棒球變得非常不一樣。

這一切，正是在克服壓力之後找到的快樂。

九局下半的體悟

工作所帶來的壓力真的很大，無論是在職棒賽場上或是一般職場上都是如此。除了用自己一貫的訓練方式和思考模式去面對壓力之外，其實我也常透過閱讀來紓解壓力。讀了書中的故事就可以發現，自己的遭遇和前人相比，只是小巫而已。而自己即使有一點小小的成就，和前代的偉業相比，也還是很渺小。這麼一想，突然一切都開闊起來了，壓力也跟著小多了。

第四章

脫下球衣，
接下來的比賽才正要開始

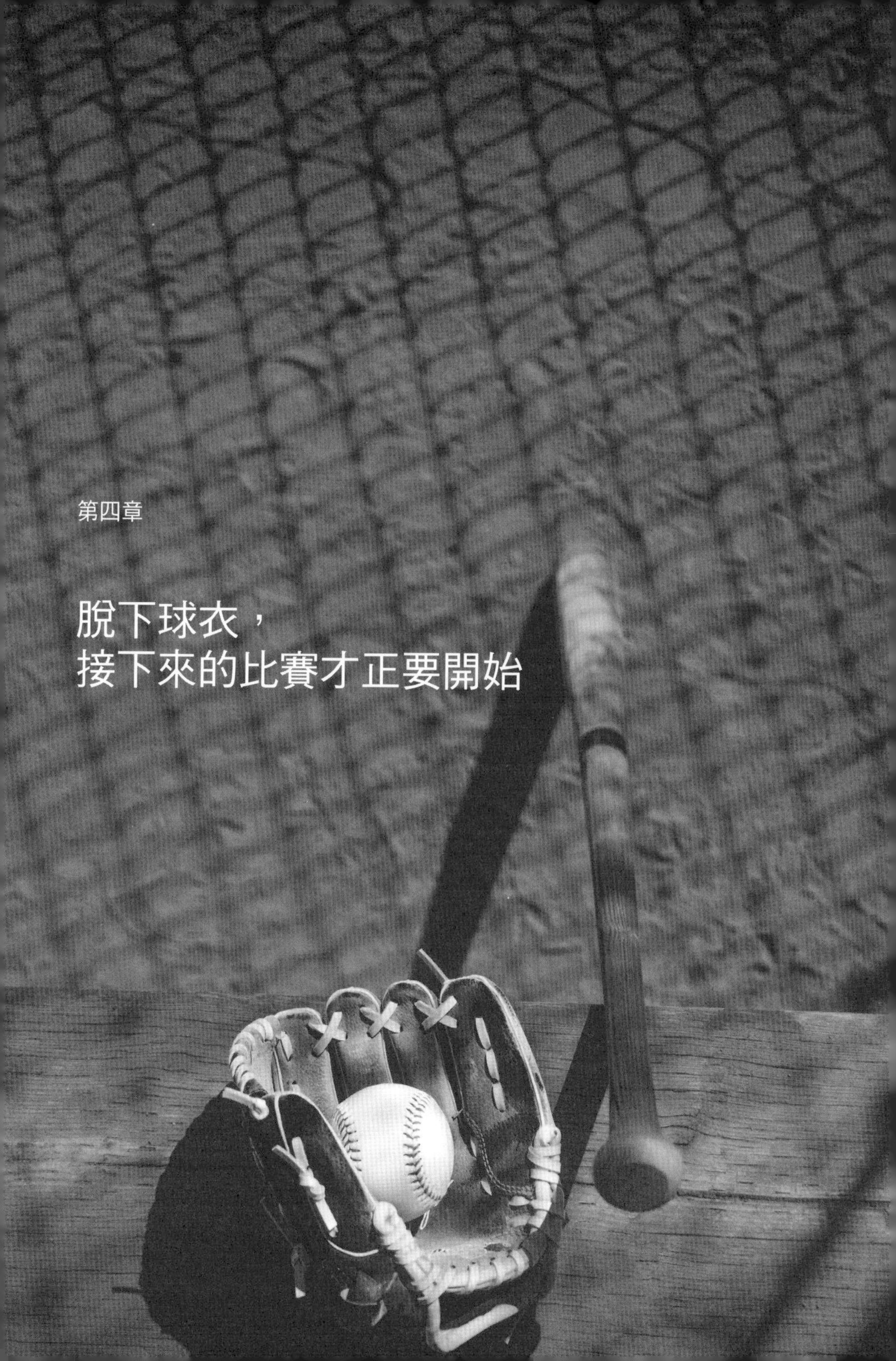

九局下半打完了，比賽結束了。接下來要做什麼？這也是個好問題。

若是這場比賽打完了，就不去想下一場比賽，那麼到時候我們可能會措手不及。

若是比賽一開始，就能想到結束的那一刻，那麼我們就可以提早做準備。

若是比賽還沒開始，就能先想到日後的每一場比賽，那麼人生就有了規劃的方向。

人生其實永遠都有打不完的比賽，而之前比賽的經驗，會讓我們更知道接下來該怎麼做。

看著別人退休，想像自己離去的身影

在進職棒之前，我並沒有想到自己能在這個舞台上打這麼久，那時我以為自己大概頂多只能打個五到七年。而今十幾年過去了，許多當年同期的選手都已經不在場上，而我居然還在打，除了覺得不可思議的幸運之外，也在心裡想著自己未來退休的那一天會是什麼樣子。

無論是否同隊，每當看到自己熟悉的好選手退休的時候，多少會覺得孤單，因為日後就沒有辦法和他們一同打球、彼此對抗，或是看到他們在場上的精彩表現。在他們宣布退休的當下，總會有很多回憶跑出來，也會回想起當年看他們打球的感覺，或是和他們一起打球的情景。我也會觀察他們退休之後的生涯，看他們會轉換成什麼樣的角色，過著什麼樣的生活。

王光輝——對心中偶像的不捨

當我兒時的偶像王光輝宣布退休的時候，我哭了。

那一年我還是誠泰的球員，在球場的另一端看著他舉起花束，和球迷道別。我會這麼激動，是因為王光輝是我小時候夢想的起點。無論是在電視上看到他比賽，還是等他回到家鄉時和我們說故事，在我心裡面的他，在我的成長過程中佔有很大的重量。看著自己從小到大的偶像要退休了，當下我只會覺得捨不得，一直想著：「他為什麼要離開，為什麼要走？」

二〇〇三年，我參加了代訓選秀會，那時候的中職有六隊，包含了LaNew、誠泰、中信、興農、兄弟、統一，當時的隊友每個人都有心目中的第一志願，就是沒人說兄弟，畢竟以當時球員的薪資來說，兄弟的薪資真的不太誘人。不過我就是想進兄弟，想當黃血人，錢少也沒關係，因為兄弟是我一生追逐的夢想，二〇〇三年是我第一次這麼接近兄弟，因此當時接受訪問，我也很直接地表示進兄弟是我的第一志願。會這麼想進兄弟的其中一個原因就是，這樣我就有機會和王光輝同隊打球，一起在場上守備。

後來我沒被兄弟選上，而是被誠泰挑中。在誠泰打球的時候，每次我安打站上一壘，就有機會和鎮守一壘的王光輝聊聊天，就像當年那個在部落裡看他打球的小球迷一樣興奮不已。可是最後我沒有來得及在他決定退休之前完成一起打球的夢想，心裡覺得好可惜。當下的我並不知道，自己未來真的有機會加入從小就嚮往的黃衫軍，而選我進入兄弟隊的人正是王光輝。

看到王光輝退休時的我還非常年輕，情緒起伏很大，當下我忍不住哭了，因為捨不得他走。他是我的標竿，也是我努力的目標。現在他決定停了下來，就像是給了我追上去的時間，但我心裡還是希望看到他在場上打球的樣子。能像王光輝那樣打職棒，是我小時候的夢想，他退休了不只代表一個時代的結束，也代表我要告別自己的過去，往下一個階段前進。

鈴木一朗——等待他告別棒球的方式

如果問我最期待看到哪一位棒球選手退休，我會回答鈴木一朗。這麼說並不是希望他愈快退休愈好，相反地，我是期待看他如何告別球員這個身分。

職棒生涯我打出了一千支安打，而鈴木一朗的紀錄在美日職通算卻是四千安，世上能夠達成此一紀錄的人也不過三個人而已。這樣的成就雖然驚人，但他對棒球的熱情和對待棒球的態度，更是令人覺得不可思議地難以企及。

之前在經典賽集訓的時候，大郭（郭源治）學長說過他當時在日本當選手時，也曾經效法過鈴木一朗嚴格自律，一絲不苟的棒球生活方式，但是他說自己兩年就投降了，連律己甚嚴的大郭學長都難以達成，我想大概也沒有誰能做到吧！

從以前到現在，我對於運動選手的傳記特別有興趣，每一本都是我想要挖掘的寶藏，讓我從中去學著如何做一個職棒球員。在鈴木一朗的傳記寫道：「我發現會嚴格對待自我的人，已經愈來愈少了，所以我當然必須嚴以律己，這是理所當然的事情。」之前我看過許多有關鈴木一朗的書籍及影片，發現他每天所做的事情幾乎都一模一樣，有固定的時間模式，每天起床吃同樣的咖哩飯，以同樣的次數練習揮棒。每天做一樣的事情生活不會無聊嗎？一朗的回答是：「完成夢想就是一直累積微不足道的事情！」

鈴木一朗還沒有宣布退休，甚至宣告自己會打到五十歲。我想，這一路以來讓他堅持下去的原因，除了他對棒球的態度之外，更重要的是他心中對棒球的熱愛。像他這麼熱愛棒球的人，該如何面對自己退休的那一天，這是最令人好奇的地方。總是能夠樹立典範的他，又會替退休立下一個什麼樣不同的定義，也令人期待。

至於我自己，看著別人退休，也會想像著自己離去時的樣子。當我愈接近退休的終點時，愈是不由自主地想到自己一開始的起點。那個小學五年級的孩子，沒有左手手套可以用而一直漏接，但因為比賽而第一次上台北吃到麥當勞，後來長大了，即使得要一直拿著海綿蹲在球場上吸水，即使被人威脅或是被人懷疑，也不願放棄繼續打棒球的念頭。

我想，即使退休了，我永遠也不會忘了那種喜歡打棒球的初衷。

九局下半的體悟

如果真心喜歡一件事，即使結束了也不會放下。有人說九局下半就像是一百公尺的最後衝刺，但我卻覺得像是馬拉松賽跑的最後一哩。愈接近比賽的終點，不需要加速衝刺，反而愈要堅持到底，表現出一致的自己。即使衝過了終點線，那股推動自己前進的動力也不會消失，它會把你推往下一個比賽，推往人生的下一個階段。

找回比勝負更重要的事情

回頭去看自己的棒球之路，我發現了很多比勝負更重要的事情。我很慶幸自己在這條路做了自己認為對的選擇，即使一開始有點自討苦吃，但我從中學到了為自己負責的觀念，也學會了自己去找解決問題的方法。

自討苦吃的大學之路

從小我就覺得自己長大了要去念大學，因為家鄉一旦有人考上大學，那一家人就會設宴慶祝，考上的人還會穿上寫著「為鄉爭光」的錦帶，感覺實在很風光，所以我對於上大學一直抱著一種嚮往和憧憬。

在我們那個年代，高中畢業的球員還不能直接打中華職棒，若要打，只能加入新成立的那魯灣聯盟，像是和我同期畢業的林英傑就和高屏雷公隊簽約，而曹錦輝也在去美國大聯盟打球之前為雷公隊出賽。我們那一屆好手如雲，不只完成了史無前例的高中聯賽三連霸，還奪下王貞治盃和金龍旗的冠軍，也因此吸引了各大學的教練或是老師前來高苑爭取球員入學。那時候大多數的球員不會想去念大學，而是想要加入業餘棒球，像是南部的台灣電力公司或是台北的合作金庫，都是對球員很有長期保障的選擇。

那時我想要先念書，然後再去打職棒，所以我沒有選擇去業餘的合庫。我記得當時我的第一志願是台灣師大，可是師大沒有棒球校隊，雖然他們答應讓我自己去找球隊練習，但這樣我就沒有同校的隊友可以一起練球，也沒有辦法代表學校去比賽，所以只好放棄。那時我們也有去參觀輔仁大學、林口體大和文化大學等學校，像文大就很重視棒球的訓練和表現，他們在中午過後就允許練球，校隊的比賽成績也很出色，而我比較不想再和高中一樣整天練球，希望能有機會好好念書，就像是一般的大學生一樣，所以最終我選擇了輔大。

輔大棒球隊以前在郭源治時期是很強的，民國六十八年和文大交手的梅花旗奪旗對抗賽也是轟動一時，不過後來輔大更重視學業，所以很多好球員不想選輔大，因為念了很難畢業，像我們那一屆的棒球員總共有十二個，最後也只有五個人順利拿到畢業證書。我們校隊的總教練是葉志仙老師，他也是體育系的教授，他說我們要先把書念好，才能打球。

以我念的輔大體育系來說，是有分一般生和專科生，一半一半，有甲乙兩個班，人數將近七十個人，除了和我同期一起打棒球的隊友十二個，其他人則是各有不同的術科背景，像我同學之中就有劍道、舉重、田徑、長跑、網球、游泳、西划、標鎗和龍舟等等，讓我認識到不同領域的朋友。其中也有從小都是念書上來的一般生，那時我才發現自己在課堂上和其他同學的差距有多大，一開始念得非常辛苦，完全跟不上別人。

像是英文聽講課，每個人在教室裡戴著個耳機和麥克風練習說英文，但我自己高中畢業考的是二十六個英文字母大小寫，那時我的英文程度幾乎是零，從小根本沒學，和系上同學一比，程度可說是天差地遠。那些原文書我根本看不懂，數學的程度也不行，像是生物力學或是運動心理，都需要有統計的基本觀念。

我還記得人體解剖學的考試也是與眾不同，那堂課的老師叫王顯智，他設計考試的方式很不一樣。一般都是發一張考卷，然後寫些是非選擇和問答題，但王老師在考試的時候，卻是分成六站，每一站都擺好人體模型，然後只給我們三十秒的時間作答，時間到就要去下一站。這和我以前考試的方式完全不同，限時作答更讓我非常緊張，即使我見過這麼多大小比賽，一樣嚇得要死，只能戰戰兢兢地寫。只聽到時間一秒一秒地過去，而我居然就連肌肉的「肌」都忘了怎麼寫。最後，我還是被當了，英文聽講也一樣被當，大一上結束我差點被二一，也就是一旦超過一半的學分被當就會被退學。

那時我的同學中，有從北一女升上來的女籃校隊，她們就是有在念書的體保生，而我則是之前沒在念書的體保生，我只有學著去問，請她們教我怎麼念書，教我怎麼做報告。一開始雖然覺得很自卑，但就是一種成長。最後我依舊能四年補完所有學分畢業，就是因為苦讀，而且我大學四年看的書，完全超過我之前念書的總量。

為自己負責，自行解決問題

若要我來分的話，我認為自己在大學之前是球技的提升，大學之後是視野和思考能力的提升。進了輔大，無論是在球場上還是在教室裡，葉志仙老師都說我們就是要學會訓練自己的方法。那時有一堂課是棒球課，我們是棒球隊，除了練球之外，居然還要去上棒球課，聽來有點多餘，但其實不然。葉志仙老師在上課時就曾問我們，國外大學球隊集體練球時間很少，為什麼他們整體的實力還是不弱呢？答案就在於每一個人都重視自己的訓練。唯有隊上的每一個體變強了，組合起來時才能展現出實力。如果大家都不強，團隊再有默契也沒用。那時一到了寒暑假都是放假，葉老師說：「你們是大人了，要自己要求自己。」我們聽了都嚇一跳，以前高中是只要有時間就是練球，寒暑假更是練到跟狗一樣，但現在我們要顧好課業，然後才能去打球。

輔大的訓練完全顛覆我的習慣和想像，也讓我有機會過著與高中時期完全不同的學生生活。以前是長時間的密集訓練，而在葉老師之後，是重視時間管理，重視精準度，重質不重量，讓訓練的效果能在短時間內達成。高中時，教練對我們來說就像是神一樣，說一是一，說東我們不敢往西，教練說什麼我們就練什麼。每天從中午十二點練到晚上九點，在課堂上只待不到四個小時。到了輔大之後，都要等三點半下課之後才能去練球，等到場換完裝開始練球都快四點半了，練到六點天就黑了得收工。算起來只有不到兩個小時的時間，如何在相對縮短的時間內達成訓練效果，重點就是要思考為什麼要這樣訓練，自己要什麼。

我在大學時接受的訓練還包括了相關的專業知識，像是運動生理學，讓我知道自己身體的構造，知道該怎麼精準地去訓練自己的身體。大學的我，必須自己去找出最適合自己的訓練模式，然後一再地修正和進步。那時我們的學長和同學都是互相請教，一起找資料，也養成了去圖書館找資料的習慣，看看有沒有相關的文獻和書籍。以前高中的時候不懂，想練體力就只知道一直跑，跑到快死掉。後來才知道，與其跑十個小時，不如做十分鐘的高強度間歇性的心肺訓練，就有一樣的效果，有時甚至成效更好。以前的我就只會聽話，照著指示做事，要我做一百下伏地挺身我就做，但到了大學之後，就學會了去問、去找、去摸索。

大學念的書對我的訓練也有幫助。像是人體解剖學，過去我只有看過豬被殺，哪會懂人體的構造和骨骼肌肉的位置，但學過了之後，每當我不舒服的時候，就知道原來我是鉤狀骨不舒服，或是旋轉肌有狀況，像以前什麼都不懂只會說我的手掌，現在我就會說我的外側副韌帶感覺有點撕裂，還可以用一到十去描述自己身體的感覺，來增加跟醫師溝通的精準度。

念書是讓我自己和其他人不一樣的原因，一直以來我都是有意識地去改變自己。即使我真的進入職棒，我也一樣繼續求知。像我在進入誠泰Cobras之後，認識了「大胖」鄭景益學長，那時我們球員的專屬巴士叫做「蛇巴」，因為他很大隻，座位很大，我又很菜，所以就坐他旁邊。每天都看他戴著耳機在聽，但不知道他是在聽什麼音樂會聽得這麼專心。結果一問之下，才知道原來他是在自修日文。我差一點下巴沒掉下來，結果景益學長跟我說他不是只有在自修日文而已，還有英文。

學海無涯，即使離開學校，離開職棒，我還是要繼續學習。唯有學習，才能超越勝負。

九局下半的體悟

人生和棒球比賽一樣，都有很多九局下半的決定性時刻，而想要拚長久的勝利，不能只靠球技，也要靠腦袋、視野和習慣。當年去念大學，可能真的是自討苦吃，可是收獲卻很值得。它讓我學會自己負責，自己思考，自己找辦法去解決問題。也讓我無論是在人生中或是球場上面對九局下半的關鍵時刻時，能夠超越勝負的侷限，做出正確的判斷。

播下希望的種子

自從進入職棒之後，我就一直思考自己能做什麼？我能夠創造影響力嗎？我能夠為這個社會做些什麼事情呢？而當我從球員身分退休之後，我又該如何為台灣的棒球繼續努力貢獻心力？

獎學金：打開球芽們的棒球路

從小我的家境不好，因為曾經領過「郭源治棒球獎學金」，棒球這條路才能走到今天。幾年前不經意地點閱一九八九年十一月的新聞，才發現那一年第一屆郭源治棒球獎學金的受獎學生裡，有軟式少棒組的陳金鋒學長，硬式少棒組裡有林明憲和許閔嵐，青少棒中有陳瑞昌教練，青棒則有葉君璋學長，看到獎學金能造就這麼多傑出的棒球人才，基於回饋和感恩的心，我也開始把在比賽中領到的獎金，提撥一定的比例，放入自己成立的「周思齊棒球獎學金」裡面，鼓勵部落的小球員不要因為家貧而放棄夢想。

由於自己的力量有限，所以先由花蓮基層少棒開始。目前花蓮許多國小少棒隊都有企業及團體捐助球具，在硬體需求上不若以前那樣缺乏，但還是有許多小球員因為家庭的經濟困難，所以沒辦法安心向學和專心練球。二〇一四年獎學金正式取得內政部與地方主管單位的核准，可以公開募款，即便是在經費不是很充裕的情況下，第一年我們找出了三十一位努力的球芽，頒發獎助學金給他們。接下來，我們年年尋找品學兼優的小球員給予獎助學金的鼓勵，獎勵的範圍也擴大到三級棒球。

另外，我也計劃持續地把球芽們送去日本留學。我認為台灣目前的教育環境出了問題，近年來當我遇到教育部的官員時，他們也說體育班是失敗的政策，因為把這些孩子們的路給走窄了。當年為了要打開台灣的國際知名度，以體育班這種集中菁英的方式去訓練孩子們，好讓他們有實力去搶奪世界冠軍。結果長年下來，棒球員給大家的聯想常常是貧窮、不愛念書的孩子，而不是榮譽、成就和財富。我常在想，如果我們的孩子能像日本和美國一樣正常地接受教育，一切也就有所不同。要改善職棒，其實要改革的是教育，讓下一代的孩子有更多機會。雖然很想採行國外的教育體系及運動理念，但那畢竟是大環境的問題，不是我一個人能扭轉的。所以我想結合大家的力量，盡量送孩子們出去學習，希望他們能把知識和態度帶回來台灣。想想之前赴日留學的陽岱鋼和林威助，看看他們的氣質，和他們帶回來的東西，如果把他們乘以十，台灣棒球會有什麼不一樣？

像是威助自從在兄弟二軍擔任總教練，就開始帶出了不一樣的氛圍。其實威助教給他們的核心觀念，就是要他們認真對待自己的專業和事業。能夠站上台灣的職棒舞台，中職的兩百多名球員都是台灣棒球的強中之強，從小就是教練捧在手中的明星球員，但在職業的世界裡要走得長遠，基本的態度就決定了一切。我們過往的教育和習性就是比較浪漫，而威助在日本念完高中和大學之後一路打進日職，這麼多年來的訓練，一直都重視基本功和實踐，而球員該用什麼樣的心態來面對職場，也是從小養成的習慣。威助只是把他習慣的一切帶回來台灣還原而已，這話聽來簡單，其實非常困難。

錦輝也曾對社會媒體說過他浪費了太多時間和自己的天賦，再回頭已來不及了。除了因為許多選手受教育的時間和機會不多，再加上又是從貧困出身，很難拒絕誘惑。我真的覺得那不是球員的問題，更是環境的結果。我只能說自己運氣很好，避掉了很多叉路，也希望球芽的存在，能夠扮演一個拔河者的角色，把選手拉回來。

和王建民或是陳偉殷所設立的棒球獎學金不太一樣，送孩子出國留學的球芽基金並不是一次性地發放獎學金，而是全額補助。雖然並不是送出國就一定會有用，但總是種下一個希望。就像陽岱鋼是和哥哥陽耀華一起國中畢業就去日本念高中留學，但兩人後來的發展並不完全一樣，就好像播種生芽，總不是所有球芽都能長成大樹，一切總有許多困難。但我相信台灣孩子的天分不輸人，如果能有不同的培育方式，將來會更有機會，一切就更有可能，這就是球芽基金在做的。我們目前已經將兩名選手送出國念書，最大的目標就是球芽基金能夠永續下去。

鼓勵閱讀：打開球芽們的世界觀

除了球芽獎學金和留學計畫，在全民運動教育這件事情上，我也希望能夠藉由「閱讀」來影響更多的小球芽們。像是我們和校方合作成立「棒球閱讀教室」，以一個「類圖書館」的概念，在校園裡適當的地方放一個書櫃，選一些有趣的好書放進去，吸引打棒球的孩子多翻翻書，逐漸養成閱讀的習慣。我自己有空的時候，也會去學校、球隊、體育班做一些講座和分享。

中信兄弟的母企業中國信託也一直在推行「閱讀全壘打」的公益活動，這個活動是想要把閱讀和棒球結合在一起，過去兩年來我也是一直擔任代言人。活動的源起，是看到美國職棒大聯盟亞特蘭大勇士隊的例子，球團發現許多貧窮的孩子們無論是教育或是娛樂都很缺乏，既沒有太多機會接觸書本，也沒有辦法到現場看球，所以勇士隊和學校合作，用看球的娛樂來吸引孩子們多看書受教育。你來看書，我提供球票，讓這些孩子們有更多機會看書和看球。中信也是一樣，用集點的概念，鼓勵孩子們多閱讀。同時也和全台的公立圖書館合作，在四月、八月、十二月的閱讀節時，推出閱讀集點換球票。

中國信託的「台灣夢」及「愛接棒」也有資助學校及球隊，像是二〇一八年就請南投縣新街國小少棒隊來台北，讓他們到台中國立公共資訊圖書館來聽演講。有時我也會去學校演講，主要是在中彰投地區，除了和學校、公立圖書館、地方鄉鎮公所合作之外，也有故事車巡迴的活動。我還記得二〇一七年來自彰化和美國小音樂班的孩子們，那一次還特地現場演奏我在職棒場上的出場樂來歡迎我，真的很感動。在和他們互動的時候，我發現這些音樂班的孩子對於提問很主動，也很有自信，相比之下，許多棒球隊出身的孩子因為隔代教養的情況，或是原生家庭的關係，讓他們在人前比較害羞。對於這一點，我相信閱讀的愈多，知道的愈多，孩子也會變得更有自信。

我們自己是推行「羅道厚棒球閱讀教室」，之前有和不同單位合作，包括花蓮市文化局的「台灣閱讀節」活動，贊助企業的網石棒辣椒，以及漫畫家敖幼祥老師等等。從二〇一六年開始，已經陸續和十七所學校配合，每一所學校就是放一個書櫃。這些努力，都是希望孩子們能藉由閱讀來打開自己的世界觀，即使不是留學出國，也能有不一樣的成長。像我以前就活在自己的小框框裡，一直到了高中才發現自己以前的世界好小，沒想到上了大學，進了職棒，才真的看到這世界有多大。我希望用球芽基金的力量讓孩子們出去看更多更大的世界，讓他們更有啟發，往下繼續發展。

一群人的力量，遠超過一個人

二〇一五年統一獅的張志強選手宣布引退，被大家稱為「張班長」的他，表示他會回到台東回饋基層棒球。張班長說，當他看到家鄉很多有天賦的小球員，因為環境或是家庭的種種因素而無法繼續打球時，他決定脫下球衣回到家鄉，能「救一個是一個」。張班長接受VAMOS的徐裴翊主播採訪的時候，也曾提到教育很重要，不能偏廢，不但要教導孩子打球，也得教導孩子做人處世的道理。

我也認為，少棒的養成過程，對於棒球的發展相當重要，不僅僅是技術上的扎根，小球員的正確價值觀，品德教育的養成，對於未來更是影響重大。台灣多年來在基層棒球除了相關球具資源贊助很充足，對於小朋友訓練很認真之外，多數人都忽略了棒球精神的傳承，正確價值觀的培養。所以，一直以來，我想做的不只是獎學金而已，也想要更深入地進行棒球的培訓和教育的扎根，最重要的希望孩子能夠「心正」。也許那天我們獎學金會培育出下一個陽岱鋼或是林威助，不僅為國爭光，也能懷著感恩的心來回饋社會。

這一切，都是透過大家的力量才有機會完成的。像是我透過收費制的「周思齊後援會」來找尋更多支持基層棒球的力量，我不想只是跟球迷吃喝玩樂而已，而是透過更多有意義的深層互動，讓球迷更了解、支持我想做的事情，然後我們一起努力。我們訂定的會員收費，其實真的費用不算低，但是我不在意人數多寡，只希望加入的球迷真的認同我的理念與努力，而會員費其實是以會員名義捐入「周思齊棒球獎學金」，等於在加入會員的同時，他們就先完成了一件公益活動了。

很快地，我們這種收費制的後援會有了第一位會員，令我詫異的是當時她還在就讀高中。我很想親自跟她聊聊我的理念，也想知道她對於推廣基層棒球的想法，於是趁著在台中訓練的空檔，我有幸和這位「周思齊後援會」史上第一位會員見面。說真的，我得好好感謝這位球迷的父母。原來他們一家人都是棒球迷，她自小受父親的影響也熱愛棒球，這次加入我的後援會，也是因為她的父親毫不猶豫的支持。透過這次的互動，我更深知自己對球迷、社會的影響是不容小覷的，因為他們支持我的理念，認為品德比球技重要，所以這些年總是默默地支持我，更讓我堅信當年我在米迪亞暴龍時的一切堅持是值得的。

當然，球芽要長大，需要灌溉、需要施肥、需要很多的愛！我和球芽基金的工作夥伴一直以來都在努力，希望不僅能透過網路上號召球迷一起來支持，讓商品販賣的獲利，和企業合作的捐助等等都能全數轉入球芽基金，更與實體通路達成合作協議，要讓兩千個以上的店舖都能看到我們獎學金的募款箱，以後球迷要支持關懷基層棒球就會更簡單方便了。從多重管道的小額捐助，我們也發現捐款的管道愈多元，愈方便，獲得的效益就愈快愈大。這也表示這個社會的能量和愛，能讓更多人幫助更多人！

球芽是一項希望工程，它帶給我很多東西，最重要的是它能幫助別人，即使無法量化成數字的「價格」，但它確實創造了更多的「價值」。「作之不止，乃成君子」，只要是能做好事，能幫助到人，就應該做下去。

A dream you dream alone is only a dream, a dream you dream together is reality.

這是之前聽廣播的時候，聽到了一句由披頭四成員約翰．藍儂說過的話，「一個人的夢很小，但是一群人的夢就可以成真。」這些球芽會慢慢長大、茁壯，會長成一棵大樹，愈來愈茂盛，帶領著基層棒球的孩子們可以更安心地發展，當球芽長大之後，開枝散葉，影響力就會更大，也許這些孩子們有的會進入職棒的殿堂，有的會成為棒球教練，有的會變成專業的運動主播等等，這是一股長久且影響深遠的力量。

九局下半的體悟

對想要打棒球的孩子來說，面對生活上的經濟困難，要比球場上九局下半的壓力和挑戰更嚴峻。想要幫助他們，不是單單抓魚給他們吃就行了，除了要給他們釣竿，引導他們學會怎麼釣魚，更要教會他們如何有耐心地去等待魚兒上鉤，這一切都不是用錢就能簡單解決的問題。

離開球場，仍是賽場

在職場工作，總是會想著退休的那一天。有人因為退休有保障，所以期待著那一天盡快到來，而更多人則是不知道自己為退休做的準備是否足夠，而對退休感到不安。對職棒球員來說，退休的年紀要比一般人來得早很多，面對這比別人提早到來的下半場，究竟該怎麼打？我若是自己的人生教練，又該怎麼下達戰術才能贏得退休的勝利？

下達戰術一：創造穩定收入

曾經有球迷朋友問我，為什麼當初會選擇走入職棒？為什麼不是選擇去薪水看似不高，但是卻能較長期穩定的業餘球隊？我相信很多球員也許跟我一樣被球迷問過相同的問題，不知道有多少人跟我一樣思考過，在我們追尋這棒球夢想的同時，是不是也做好了沒有舞台後的準備。畢竟職業球員的生涯真的不長，要能像張泰山學長那樣在職棒立足十九年，且又能在球場上保持好成績的例子少之又少。近年來，中職球員的平均就業年資更是只有五年不到。沒有人可以為你的人生負責，有時候看到比較年輕的選手在生活上比較沒有規劃，太過於滿足現狀，總是替他們捏把冷汗，畢竟生活的挑戰可能隨時都會出現，而你是不是隨時準備好面對這些人生的變動了呢？

身為一個職業選手，不僅是要求自己在球場上強化自己的實力，在場下也不忘要多充實自己，才不會到退役的時候才發現，你什麼都還沒有準備好。正值壯年時期就得面臨退休，這是職業運動選手都會遇到的問題，之前新聞就有提到，日本職棒的年輕選手之中，有高達百分之七十四的人，對於退休後的生活感到相當不安，即便是年收入平均有兩千萬日幣的選手，對於未來的收入和出路都感覺到憂慮。

當我在二〇〇五年順利地加入誠泰Cobras隊之後，我問我自己：「現在打職棒的夢想達成了，接下來呢？這職棒的路能走多久？」雖然剛進這職業棒球的圈子的我，在收入上已經比同年紀的同學來得優渥，但我還是不敢滿足於現狀，所以我很早就為了我未來退役的生活做規劃，並朝目標努力著。

當時同期的林恩宇是第一指名，所以他的簽約金是三百六十萬，而順位較低的我則是簽約金兩百二十萬，月薪七萬，對當時的我來說，都是想都沒想過的金額，一下子拿到這麼多錢，當下還真的不知道該怎麼處理。不過，因為看到很多學長一拿到錢就揮霍，到了後來簽約金所剩無幾，甚至生活出現困難，有了這麼多的前車之鑑，我想先把錢存起來再說。

下達戰術二：充實腦力流量

我很希望自己在未來有能力買下一支棒球隊，然後努力地為這支球隊創造更多利潤與價值，也創造更多機會給想要在棒球領域一起打拚的人，我光是想像就覺得這件事情真是讚到一個不行。會有這個念頭，是因為我看到美國職業運動市場中，許多球團都不是由單一老闆獨資擁有，而是走向合資的團隊持股。所以只要有機會，我也有可能擁有自己的球隊。一切都有可能，我只是得先把自己給準備好才行。

因為我對於研究歷史和人物傳記的濃烈興趣，使我去報考並就讀台灣史研究所。而我的獎學金之中有「羅道厚特別獎」，就是為了紀念第一位打入日本職棒的台灣選手羅道厚先生。可能很多人會以為王貞治先生是第一位去日本打職棒的台灣人，而對於台灣早期棒球強隊的印象，也只停留在紅葉及金龍少棒隊，而在《KANO》這部電影出現之後，讓不少人知道了還有嘉義農林這支隊伍。但我在看了《KANO》之後，也去嘉義看了相關的展覽，我開始想要知道，更早之前台灣的棒球到底從哪裡開始發展？我查了許多資料，看了許多文獻，甚至還拜訪了很多相關人士，我發現在嘉義農林之前，其實台灣還有一支重要的棒球隊——能高團（前身為高砂棒球隊）。能高團是由當時台灣花蓮地區原住民（阿美族）所組成的棒球隊，也曾遠征日本；而第一位赴日本打職棒的台灣人正是能高團的選手，來自花蓮馬太鞍部落的羅道厚先生。

這位大學長是我們家鄉出身的原住民，我希望能把這段歷史重現出來，用我研究論文的角度，把它放在國家圖書館裡，讓後代的人能夠找到和羅道厚先生有關的相關歷史，這是我想達成的一點點貢獻，也是我對前輩和台灣棒球歷史的敬意。

無論是球隊經營或是棒球歷史，這些學習和研究對於我的腦力來說將是正面的激盪，不僅是我興趣的實現，也是我人生後半場所需要的準備。

下達戰術三：追求更高的能力和權力

有個長輩曾和我說：「你有能力，但沒有權力，也是一種無能。」看到其他人擁有的能力和權力資源，我當然會羨慕，但我也會努力累積這一切。我必須先從能力著手，等到培養好了自己的能力，接下來就要發展出足夠的權力，無論是資本、人脈，或是職位高度，都必須要有那樣的權力，才能發揮影響力，為球界盡一份力量，做出更好的改變。

無論是金錢、知識還是能力，都要朝著正確的方向前進。一直以來，我追求的方向都是以「價值」為導向，而不是取決於「價格」。就拿球芽的同仁來說好了，他們非常盡心盡力地為我們的基金省錢，結果心思就會糾結在價格上，畢竟沒有成本概念怎麼可能把事情做好，但我重視的是價值，若是太重視成本，而沒有把付出的價格當成是一種投資，就會忽略了它其實可以帶來更高的回報，無論是有形的獲利或是無形的收益。只看價格，在討論事情時會失去最重要的方向，反而會忘了原本為何要做這件事。

有時球芽的同仁會說我太會花錢，但我認為這是一個聚寶盆的概念，把錢投進去才會生聚出更多的價值來。舉例來說好了，之前為了要做球衣義賣，我希望能夠把球衣裱框起來。台灣一般就是用基本的鋁框或是現成的木框，但我希望把它的價值做出來，所以找師父用手工裁切，過程很麻煩，但它出來的質感就是不一樣，光一個框就要價兩萬，我一口氣做了七個，一下子花了十幾萬，球芽的同仁都嚇到了，覺得我亂花錢。可是後來這些裱框的球衣卻在義賣當中獲得更高的價格。價值創造出來了，就有回報，義賣所獲得的善款也可以幫助更多的人。

前一陣子我在日本路過一個專賣簽名球的店家，在店裡我偶然地看到一顆價格不菲的簽名球，上面有著吳昌征的名字，我就把它買回來，因為我看到了他的價值。我會知道這個人，也是因為閱讀。吳昌征本名吳波，他是嘉農第二代球員，在嘉農首度進軍甲子園兩年之後，他以主力球員之姿連續四次打進甲子園，能投擅打，無論速度或是守備都是頂尖的全能球員，畢業後就加盟日本職棒東京巨人隊，曾兩度蟬聯打擊王，拿下年度最有價值球員，更被日本人尊稱為「人間機關車」。光是這一顆簽名球，就能夠延伸出無限的人、事、物、環境和故事，它的價值不言可喻，絕不是價格能夠衡量。

創造穩定收入，充實自己的腦力流量，以及追求更高的能力和權力，是我給退休人生所下的三個戰術指令，它們不是一蹴可幾，其他人也不能照單全收，重點還是要從中找到自己的價值，才能擁有自己想像中的下半場人生。

九局下半的體悟

一場比賽總是會結束，但走出了球場，仍有人生的賽場。當我不再參加球場上的比賽之後，我人生的賽場上依舊有著我的比賽要打。九局下半感覺似乎永遠不會結束，所謂的退休，也只是離開球員的身分而已。從前人的經驗看來，有些東西急不來，有些東西則是得儘早準備，無論如何，找到自己的目標和價值，才能往正確的方向不斷地去累積自己。在人生的賽場中，累積的不該只是歲數和存款，而該是價值和能力。

為下一代做個榜樣

回想我從小到大從棒球中學到的一切，可以用五個要點來囊括：一要始終保持著初心和單純的熱愛，二要有著不服輸的向上精神，三要懂得知福感恩，也要了解一切不見得能強求，四要努力苦練，也要找到最適合的辦法，五要靠著閱讀來開拓視界和獲得解決問題的能力。在我的生命裡，面對任何事我都是以身體力行的方式去實踐這五個自我要求，而細細去看我和我兒子相處的每一天，其實我也希望他能從中學會這五件事。

保持初心

愛自己的孩子是一種天性的自然而然，而孩子對你的愛卻不是那麼輕鬆的理所當然，我得要非常努力才能贏得他對我的愛。像是從孩子一出生，我的時間就被他綁住，我不只變成一個照顧他的奶爸，在練球比賽之餘也開始去看大量的親子育兒書，在心中為他規劃未來，想為他開發他的天賦。但我發現有一件事非常重要，就是不能用大人的眼光去看小孩，而要從他的角度去了解他的心。當我用不同的角度看世界之後，一切都不一樣了。

從孩子的角度出發，才能真正和他對話。像他在玩電動，我也不會只是一味地制止，而是先和他一起玩，和他一起發現他喜歡什麼東西。一旦他找到了他心中喜歡的東西，我會試著不去限制他，而是去加入他。比如他和他朋友之間常常一起玩的線上遊戲，我一開始也不懂，但就是學著一起玩，那是孩子們交談的語言，而我會試著從中成為他的好朋友。

從小，我的父親為了養家而出外工作，我自己也因為打棒球而很早就離家生活，所以我和父親相處的時間很少。而孩子的童年也很短，他很快就會長大了，所以我要利用有限的時間多陪陪他，和他一起去找他喜歡的東西。雖然我不知道他以後會不會像我一樣喜歡上棒球，但我知道我會尊重他的興趣，並提醒他永遠要對自己喜歡的東西保持單純的初心和熱愛。

不要服輸

教育可以改變人生，而教育得從日常做起。訓練孩子不服輸的好勝心，其實也在每一天的生活之中。像是對於孩子的功課，我並不會強力要求他的名次，但會嚴格地要求他按照計畫去完成該有的進度。像是念了多少時間的書，才能去玩多少時間。如果他的表現已經到達水準，我就會鼓勵他可以向上突破，加速超前。像是他很快地就念完一章了，時間還沒到，我就會鼓勵他可以衝上兩章。不要自滿於現狀，而要養成超越的習慣。

有一次英文能力分班考試，我知道以這孩子平常的實力是可以分到A班，可是他在考試的時候寫太快，結果就不小心犯了錯而掉到B班去。對我來說，我希望他了解的是不要被現實的挫折打倒，如果認為自己的能力是屬於A班，就要努力爭取到他自己想要的位置。

當我翻閱以前寫的東西，我發現自己一直以來都會很強烈地反省自己，那時升上高中就是受到了周邊世界的刺激，讓我養成了不服輸的好勝心。看著我高中時的棒球筆記，總覺得這個高中生怎麼會這麼老成？上面設定好清楚的目標，像是「守備要變好」，「打擊率要三成」等等。我也許天性如此，但也可能是自我養成，總之就是在過程中不斷地挖掘自己，我也希望孩子能有這樣的精神。

知福感恩

因為打棒球，從很小的時候開始我就很少住在家裡，碰到事情只能單打獨鬥，面對逆境得要自己長大。和我有類似背景的學長和同學有很多人因此而走偏，只能說我很幸運地能有貴人和機緣出現，無論是郭源治或是王光輝，把我拉了回來，讓我知道我對棒球的喜愛，遠大於其他可能拉我走偏的一切誘惑，從宗教的角度來看，就像是上帝把我拉了回來。

我還記得念國中的時候，身邊有許多朋友都熱衷於偷機車，像是迪爵、迪粵都很流行，我有一段時間就是坐著他們偷來的機車去兜風。當他們打算下一步要帶我去偷機車的時候，棒球出現了，我必須去練球而沒和他們一起去，結果他們就被警察抓了。若是沒有棒球，我也可能就會一起被抓走，這些走偏的學長們對我來說就是警惕。我也才明白，我能走到現在，不只是我的努力而已，有時帶點運氣，有時更是要靠其他人的牽成。這讓我學會知福感恩，也讓我明白有些事不能強求，我也希望我的孩子能夠學會這一點。

找出方法

教育孩子需要找出適合孩子的方法，而我的方法就是讓孩子接受德語教育。孩子在國內，卻接受外語教育體系，而且還不是以英語為主，這確實很少見。我的想法是如果我可以懂得更多語言，我就能獲取更多的資源和知識。因為這世界上很多書沒有翻成中文，即使有翻譯也不一定到位，所以我希望孩子能夠讀到更多不同的東西。至於為何選擇德文，是因為許多經典的文學與哲學都是從德國文化中發展出來的，像是有名的尼采。而在學德文時，英文也會進步，如此中文、德文、英文三者並進，這樣子他未來可以看的書可以更多，不是只有中文或是英文書而已。

由於孩子從小學英文，所以常常他還會反過來教我，像是引導我該怎麼樣正確地發出R和L的音。這兩個音對說中文的人來說很相近，也是許多學英文的人不太容易分清楚的音，拜孩子所賜，我現在有掌握得比較好了。乍看之下，好像是做爸爸的我在教育兒子，其實他也是在教育我，一切是與時並進，相互影響。

想要和孩子溝通，也是需要找到方法的。像是一聽到他沒寫功課，我常會直覺地以為他是因為貪玩才沒有寫，結果他是因為在看書而沒有時間寫，在我沒有搞清楚之前，我不應該先入為主，小孩子很不喜歡被誤會。而有時人家來家裡拜訪，客人的小孩要拿他的玩具去玩，之前的我會要他展現大方的態度去借給客人，但他不要，並且委屈地說：「這是我的，為什麼我要借他？」我才發現自己不能這樣和他溝通。如果換成是我，我也不會喜歡有人逼我把自己喜歡的東西借給別人。在設身處地為他著想之後，才能找到適合的溝通方法。

閱讀世界

從小我會先在孩子身邊放很多書，不會硬逼他去看，而是讓他習慣被書陪伴，自然而然地去翻閱。剛開始年紀還小的時候，他身邊的書都是以有很多圖片的繪本為主，像是《丁丁歷險記》；後來年紀大一點，就把整套德文書籍放進去。他是從小學一年級開始受德語教育，所以很早就放不同語言的書，除了德文書之外，也同時放英文的書。而從他出生到現在，家裡都沒有電視，這一點也是我和太太談過才決定這麼做，希望孩子能花多一點時間在看書上，不要只是看電視。現在孩子已經四年級了，雖然仍是無可避免地會接觸到三C產品，但我會和他交換條件，像是看多久的YouTube，玩多少的電動，就要看多少書。

中國信託與各大圖書館合作的「閱讀全壘打」活動，我已經連續兩年擔任活動的代言人，到現場去為小朋友導讀，講故事給他們聽，雖然很花時間，但我覺得閱讀對孩子真的非常重要，能夠參與推廣這樣的觀念，真的很有意義。透過閱讀，孩子們更有機會看到這個真實的世界，知道更多做人處世的道理。

這也是我想要出這本書的原因，之前師長們都有建議我把自己從棒球及人生中學習到的觀念寫成一本書，好分享給更多人閱讀，在他們遇到類似的問題時，能夠協助他們找出屬於自己的解決方法。而我也試著寫出自己真實的一面，除了希望多少能夠幫助到其他人之外，更期待將來我的兒子也能夠因為閱讀這本書而走進我的世界，從中更了解他的爸爸。

期許我自己能夠為兒子做一個榜樣。

九局下半的體悟

一棒接一棒，一代傳一代，就像場上的比賽，即使打完了九局下半結束，永遠都會有下一場比賽，從一局上半開始打起。在九局下半結束之後，究竟要把什麼觀念傳承下去，將會決定了未來要帶著什麼態度去面對全新的一局上半。

第五章

為了台灣棒球，繼續全力奮戰、不留遺憾

準備好上場，也隨時準備好離開賽場

不知道從什麼時候開始，有關我的報導很常都會伴隨這幾個名詞出現：老將、年長、資深，我也很常被媒體或是學弟們來請教是怎麼維持好的狀態，其實一直以來我的技術訓練模式沒有差很多，都是保持一樣強度的扎實訓練，來迎接高強度的賽季。但是隨著年紀增長，還是會面臨到體力下滑等情況，這些對我而言，很多時候心理壓力遠比身體上的負荷更加折磨人，看著過去支持我的許多球迷，從學生到結婚生子，從崇拜的眼神再到關懷的眼神，有一段時間我都不太想跟球迷對到眼，因為我可以感受到他們透露出的不捨、關心跟同情，即使沒有開口，我彷彿都能聽到一個共同的聲音：「你還在打球喔？差不多可以退了吧！」

更不用說網路上大家「熱烈」的討論跟指教，酸甜苦辣個中滋味，只有我自己實際經歷過才能體會。

就像我國小開始打棒球，根本無法想像有一天能當職棒球員，這是多麼夢幻的職業，是多少青少棒小朋友每天咬牙苦撐的訓練，才能換來的夢想兌換券，所以我也從不曾設限什麼時候要引退，不是沒想過離開的那一天，而是單純非常熱愛棒球，就像沉浸在熱戀期的戀人一樣，根本不會想像到分手的畫面。

因為夠愛棒球才能堅持到現在，也因為夠愛這份興趣跟職業，如果哪一天球隊不再需要我上場比賽的時候，我也願意轉換身分，成全一個更棒的團隊，繼續書寫屬於團隊的光榮歷史。

薪資仲裁的歷史定位

二〇一八年從我接任中華職棒球員工會理事長開始，就立下了四大方向，包含健全團體協約機制、落實保障球員國際賽權益、善盡社會責任與延續公益活動，還有強化球員退役照顧機制，這跟我創立球芽基金時的宗旨，以及長期規劃是很有連結性的，特別是在了解到職棒場上的競爭激烈，許多被迫離開職棒舞台的球員平均年齡很年輕，平均年資不到四年，在從小只會打棒球、訓練跟比賽的環境下長大，抽離了棒球後，還能做什麼？或是還能做些什麼來回饋社會、回饋基層棒球？這些都是值得我們努力推動並共同關注的議題。

二〇一九年球隊春訓開始後，我與球隊在合約上還沒有達成共識，當時就有評估也許能趁這機會來執行薪資仲裁。過去，中華職棒雖然在相關規章中有賦予球員能提出薪資仲裁的權利，但相關的制度並不是很完善，甚至可以說是一個尚未具有正當法律效力的仲裁。記得當我二月分決定要提出仲裁，工會向中華職棒聯盟詢問提出仲裁的申請流程時，赫然發現我們聯盟居然連仲裁的申請表格都沒有，結果要提出仲裁的我，還要跟工會自己做一份自己仲裁的申請表來向聯盟提出申請，整個流程對我來說實在很荒謬，但也更加深了我堅決要將這條仲裁路走完的決心。

其實，對球員來說，春訓時間應該是已經要全心為新球季備戰的重要時刻，所以理想上球隊應該也要在這段時間前就必須完成與選手之間的合約，球員才能心無罣礙地投入訓練，不用為薪事煩惱。只是過去球團有太多案例是到了春訓還在進行合約協商，在還沒跟球隊有共識的情況下就開始進行訓練，對球員相當沒有保障。

我自己對於仲裁並不是很看重最終的判決結果，整個事情的發生、過程怎麼做，對我來說才是最重要的，除了能讓聯盟正視薪資仲裁的流程尚未完備的問題，同時也能成為其他球員的範例，希望他們可以勇敢捍衛自己的權利。

一直以來，球員與球團之間的關係，總是處於相對弱勢，聯盟的勞資環境一直是處在關係很不平衡的狀態，因此當時做出薪資仲裁這個決定，需要承擔很多質疑與風險，中間我們提了數次的書面答辯資料才終於等到了仲裁庭，而薪資仲裁庭甚至連工會代表都無法進去旁聽。至於薪資仲裁的結果，我當天還是在賽前透過記者告知才知道，也就是聯盟在沒有事先通知參與仲裁的球隊與選手的狀況下，就直接公布了。從一開始沒有所謂的申請表，到最後公布過程的不尊重與草率，都能看出聯盟對於仲裁的流程都還是在很狀況外、很草創的狀態。

雖然最後看起來我輸了薪資仲裁，但整個流程對我來說是相當寶貴的經驗，後續也有不少球員提出申請，儘管最後並非全部的球員都有開仲裁庭，但至少相關的規章制度已活化起來，球員的權益也有基本的保障。

你永遠不知道的下一個高光時刻

就在我的第一本書《GAME ON! 周思齊的九局下半》出版之後，原本以為生涯真的就來到了九局下半，雖然自己也有預期要退休了，但實際上我並沒有給自己一個明確的時間表，在棒球生涯的九局下半，依然維持過去十多年來職業選手養成的節奏，每天訓練、比賽，日復一日地進行著。不過，在個人成績沒有達到理想狀態、球隊戰績比較緊張的時候，網路酸民是一點都不會同情你的，各種怒罵的言語都有，私訊也常會收到各種情緒字眼，希望我快滾或是知所進退，只要提到「周思齊」，都會有人提問：「周思齊可以退休了吧？」

雖然，知道身為選手遲早要面對退休的規劃，但一部分好強的我不想這麼快就放棄。然而在訓練方面，身體的反應最直接，在每一次訓練跟每一場比賽後，我必須花更多時間來放鬆，讓肌肉的疲勞能在徹底地放鬆後，有效地消除。「真的是老了啊！」有時候一早起來泡熱水澡舒緩疲勞時，忍不住會這樣想，但一面又會思考著，我應該用什麼樣的方式與策略來調整自己，讓我能在球場上發揮得更好？

二〇二〇年的球季，一開始我被教練團設定的角色是「代打」，對我來說一點也不意外，畢竟前一年的成績沒有特別出色，在球隊的整體規劃中，我已經不是先發的首要人選。「代打」的角色注重的是在能短時間內解讀比賽、擬定擊球策略的能力，要馬上就能專注並且執行。這幾年我雖然逐漸退出先發打線，其實也都在一邊適應與調整，這樣的角色轉變其實也一直在我的預期之中，但這年後來發生的事情，應該就不是在多數球迷的預期之中了。

即便我的角色被定位在代打，但在自己的隊友受傷之時，我也就被賦予了更多責任，先發的機會跟著變多了起來。二〇二〇年七月三十一日在洲際球場與富邦悍將的比賽，五局下半我從富邦悍將伍鐸手中擊出二壘安打，達成了我職棒生涯的第一千六百安。那天的開心與感動真的是難以言喻，不僅自己在個人紀錄上能持續往前推進，更重要的是，我看到了不懈怠地訓練所帶來的成效，一千六百安的達成，也讓我對自己的訓練計畫與調適更有信心。

二〇二〇年球季，我總共出賽一百零六場，比起前一年多了二十三場，三百五十五個打數有一百一十五支安打、二十二支全壘打（生涯單季最高、中職史上最年長），打擊率三成二四，這年我不僅以全票滿分拿下最佳九人指定打擊的個人獎，也入圍了年度最有價值球員獎。我記得那年入圍的人還包含了當時三十二歲的德保拉與二十三歲的林安可，而我這位將近四十歲的資深選手能跟他們一起入圍，代表著年齡真的不是能阻饒你進步的因素。我也想跟自己說聲：「辛苦了」，從一開季許多人認為你應該是最後一年、應該要退休的年紀，每次上場都會有人質疑你：「哪時候退休？」「要退快退！」打到球季結束還能成為上台領獎的選手，這樣的成績我想也是很多球迷沒有預期到的。對我來說，這是訓練成果能直接回饋到成績上而相當鼓舞的一年，也為自己換來一張三年合約。

雖然二〇二〇年對我來說是豐收的一年，但對球隊來說，「安心亞」這魔咒沒破，宛如是球迷心中的一根刺，也是許多學弟揮之不去的壓力。這樣的壓力累積了七年，在二〇二一年的台灣大賽前，這股瀰漫的壓力已經大到讓人喘不過氣來。

兄弟象隊轉賣給中國信託並改名為中信兄弟後，從二〇一四到二〇二〇這七年，球隊總共六次挺進台灣大賽，卻都鎩羽而歸，「七年六亞」似乎成為一種詛咒，拿下冠軍不僅僅是球迷的期待，也是我一直以來的夢想，這是比個人紀錄更重要的事情，我一直很希望在引退之前，能跟球迷一起拋下黃色的彩帶。

二〇二一年，其實一整年我的出賽數只有六十九場，在當時是從二〇〇七年以來最低的出賽紀錄，打擊的數據也不是太好。在台灣大賽即將開打時，可以感受到隊上學弟們的壓力比往年更大，整個備戰過程中都無法感受到放開束縛、全力去打的拚勁。雖然很多球迷用比較負面或戲謔的方式來看待「七年六亞」，但這不正是代表了這支球隊擁有幾乎年年都能打入台灣大賽的堅強實力嗎？我認真地覺得這些學弟們值得一座冠軍獎盃，他們擁有比其他球隊更豐富的台灣大賽經驗，即使沒有拿下冠軍盃，但也不該被過去累積的「失敗」所束縛，相反地，「失敗」應該是進步最好的養分。

「我來扛！」賽前我這樣跟學弟說，那些亞軍算我的，讓他們放手去打、去拿下屬於自己的冠軍。不知道這些話是否真的有成功激起團隊的士氣，至少從台灣大賽的第一戰開始，我就感受到了球隊的向心力跟勢如破竹的氣勢與決心，而我也在台灣大賽第二戰第一局把球打出全壘打牆外，這一發三分砲讓學弟的信心更加強烈，最後球隊順利地沒讓對手拿下任何一場勝利，以四連勝拿下了二〇二一年總冠軍。

那天看著滿場球迷拋下黃澄澄的彩帶，真的很感動，也很感謝學弟們，我們一起做到了！

生命到了某些時候都有自覺，只是說出來需要勇氣

二〇二〇年的好表現，讓我在二〇二一年收到一份三年合約，其實我很清楚，這很可能是我選手生涯最後一張或是倒數第二張合約了。回頭看看剛踏入職

棒的自己，從期許自己能在這裡至少打五年棒球，到現在也已經遠遠地超過當時的目標，我知道距離要跟大家道別的時間，真的愈來愈接近了。

剛收下三年合約時，雖然開始萌生引退的計畫，但似乎還沒真正地準備好，還沒有足夠的勇氣，而另一個原因是，我真的太喜歡棒球了。

職棒賽場總是那麼殘酷與現實，但也充滿著致命吸引力，你永遠不知道當你全力揮擊，會有什麼樣的結果？是被接殺出局，抑或打出逆轉再見全壘打？很多事情都是結果論，當你身在其中，就只能隨時準備好自己，在球隊需要你的時候，都能轉換不同角色挺身而出。不強求要當那一位決定比賽的致勝英雄，但一定要展現自己內心最強大、最有自信的一面。我喜歡棒球場上的一切，享受這一切，但也開始暗自練習，我該怎麼跟它說再見。

二〇二四年的春訓開始沒多久，我默默地拿出我的球鞋，一筆一畫地在鞋上寫下「The Last Together」，跟著學弟們一起揮汗訓練。說真的，球隊的訓練菜單不會因為你年紀大了而給你特殊待遇，每一天的疲勞程度都讓我需要花更多時間放鬆與休息，我很清楚地知道我的身體已經漸漸地無法負荷，我想我真的做好了準備，這是我職棒生涯的最後一年了。還記得記者會前兩天，學弟們還關心我：「學長，你撐得住嗎？」甚至也有想陪我一同出席的，當時我還笑說自己才是男主角。只是當天一到現場，看到滿滿的記者，想起過去是我看著學長引退，現在是自己站在台上，那個時刻才知道自己真的沒能撐住。即便我曾經反覆練習著想說的話，當下卻哽咽到無法開口，說出來真的比想像中需要更多的勇氣。

開啟下一個二十年

自從出版了第一本書籍之後，點燃了我想要為棒球留下更多紀錄的熱情。

平時我靠著大量閱讀尋求許多問題的解答，或是汲取更多靈感，繼續拓展我的斜槓之旅。在那麼多領域中，我喜歡看歷史類型的書籍，特別是與我最息息相關的棒球知識，熟悉的範疇還能發現新的支線往下延伸，就像尋寶那種過癮刺激，跟出書一樣是會上癮的。

出版棒球教科書一直都是我想做的事，我發現台灣這類的書籍相當貧瘠，對比日本棒球有很多基礎的教科書，我知道在台灣推廣基層棒球還有很大的努力空間，所以我規劃了二十本教科書，這些書的內容都是簡單、易懂，同時融入了史學、科學與技術，讓內容不會侷限在技術上，而是從棒球相關的歷史故事帶入，讓學習棒球不僅僅是技術上的指導，而是可以有更多歷史的涵養。第一本教科書和許峰賓教練合作，二〇二二年推出《圖解跑壘學全書：要得分，就得學會怎麼跑壘》，即使不是球員也能簡單看懂跑壘的概念和重要性，沒想到還引發了「跑壘學效應」，例如場上出現跑壘瑕疵，或是跑壘失誤等狀況，就會看到球迷在網路上留言要球員去拜讀《圖解跑壘學全書》。

在第一本棒球教科書出版後，我便馬上著手準備有關球場養護的專書撰寫。其實球場的養護一直是球場最重要但也是最容易被許多人忽略的一部分。二〇二三年世界棒球經典賽的分組賽在台灣舉辦，身為主辦國之一的台灣在相關的比賽場地完全不能馬虎，當時，球場的場勘與整修都是許多球迷關注的焦點，在準備這本專書的過程中，剛好經歷了這段對台灣棒球養護來說相當具有指標性意義的過程，專書出版的時間又恰巧搭上台北大巨蛋的熱潮，因此可以讓大家用更理性、專業的角度來看待台灣的球場養護議題。

做這些事情，是希望能為台灣棒球產業留下紀錄，讓棒球迷從「認識」棒球、產生對棒球的「認知」，最後一起「認同」棒球。球員只是其中一個角色，要擴大整個運動產業的規模，可以探究的層面還有很多很多，這正是棒球好玩又迷人的地方。透過出書了解歷史、檢視現在、思考未來，就是我想達成的目標，既然我早就知道自己想要什麼，就不會害怕下一個二十年會面臨的挑戰！

當你看到這本書的時候，也許我已不再是職棒球員，而是已經轉換到另一種身分，繼續用自己的影響力，為棒球、運動產業書寫歷史，這就是我的九局下半。每個人都會有不同階段的九局下半，或許在某些時刻，你會突然想起這本書的某段文字，能給你迎戰生活的勇氣。

九局下半的體悟

九局下半，可以是整場比賽的結束，也可以是延長賽的開始。開始跟結束都是最困難的，而過程就是盡情享受、珍惜、全力奮戰，才能不留遺憾，總是要經歷過才能體會，專注在此時此刻。相信看完這本書的你，會有一些想去做、想完成的事情，那就去吧！屬於我們精彩的延長加賽，現在，才正要開始！

附錄　球場周邊的珍貴記憶

身為球員，每天的生活都是跟棒球息息相關，春訓加上季賽的時間大概就佔了十個月，這十個月幾乎都是跟著球隊過團體的生活，因此都會趁著跟球隊全台巡迴比賽的過程中，利用休息時間去走走、逛逛吃吃，找點樂子。自己的場邊記憶，除了球場附近外，很多就是球隊下榻飯店附近的美食或景點。

以前職棒球隊行政的編制很簡單，不會有營養師或廚師來協助準備比賽的餐點，每一次比賽靠的都是球隊管理來張羅大家的點心、餐食。有些球隊管理本身就很熱衷美食，每個球場都有口袋名單，很多都是在地老店，或是口耳相傳的推薦小吃，因此每次去比賽都好像是球場周邊美食巡禮，不用走出球場就能吃到當地的知名小吃。如果是連續好幾天在同一個球場比賽，管理每天還會訂購不同的餐點，免得大家吃膩，時間一久，球員的嘴還真的會被這些管理給養刁了。例如新莊球場附近的豬血湯、台南球場附近的綠豆湯等，都是愛吃的管理會去預訂的場邊美食。

記得加入職棒的前十年，自己還是很嫩的菜鳥，每次離開北部到其他球場比賽時，很喜歡跟著學長去吃小吃、逛逛，有些是騎腳踏車可以到的，有些就是搭車或是開車去，例如台中一點利市場的鵝房宮、台南的小豪洲火鍋、高雄的港園牛肉麵等等，都是學長帶著學弟去吃。很多時候吃的是一種在地的情懷，有時候也是一種另類的傳承，到了這個地方學長帶著學弟去吃他心中的在地美味，聽聽學長講這些聽起來很不棒球的事情，例如到這家餐廳怎麼點餐、最推薦的餐點是什麼，或是哪道菜有什麼故事，感覺是一種非棒球的交流，多了更多的故事性。我很喜歡這種有歷史、有記憶點、有特色的情懷感，有時候吃著吃著也養成習慣，到了一個地方，就會想起那個味道，就會想要再去嚐嚐，才會覺得好像到這裡也解了一個任務，或是撫慰了我那種「思鄉」的情緒。

不過，這幾年網路資訊很發達，再加上外送的興起，很多學弟大概都是窩在飯店較少出門，畢竟叫外送就能吃到自己喜歡吃的食物。有時候想帶學弟去吃吃這些過去學長介紹的美食，學弟也不見得想跟著外出，雖然自己偶爾還是會去那些已經很習慣的小店，但總覺得少了點過去學長學弟們一起用餐的傳承味道，這大概是最近幾年foodpanda與UberEats興起後，讓我覺得不太一樣的原因，一樣的店、一樣的餐點，但少了點味道，那股說不出來少了點什麼的滋味。

我自己是只要喜歡，就不太會改變，喜歡棒球就是如此，對於美食的熱衷也是，我很少去開發其他新的店家，到每一個店家點的餐點我也幾乎沒什麼改變過。我知道我有些朋友很喜歡嘗鮮，即使是同一家店也會嘗試不同的餐點，但我在每家店點的餐點都很固定，有些店、有些老闆一看到我就知道我今天要點什麼。例如位在台北福林路的開封包子，因為地緣關係我很常去購買，每次固定買的都是芝麻包跟肉包，買到後來老闆都會多送我包子，一邊也會跟我「勸世」，勸我說當選手的時候就要把錢留好、不要亂花錢，一邊跟我聊他的家事，買個包子都在聊人生。天母的一品小廚老闆娘也是吃到熟識的朋友，頂著多年都沒變過的可愛的爆炸頭，店內的餐點很多都很好吃，很家常菜，幾乎就好像是自己家裡的另一個廚房，我每次一定都會買排骨炒飯、醃篤鮮，如果哪天我忘了點醃篤鮮這道湯，老闆娘還會提醒我是不是漏點了。

有些球場不僅只有美食，還有很多地方可以踩點，台南就是我蠻喜歡的城市，飯店或球場附近都有很多古蹟可以去走走，整個城市散發著很獨特的氛圍。我特別想跟大家推薦一家「東來高級理髮廳」，這家理髮廳是學長帶我去的，去過一次我就愛上，真的相當老派，這一類的理容院在台灣已經相當式微、很少見了。店內設計與裝潢還保留著四十年前的樣子，理髮師都穿著制服，光踏進去店內就有走進時光機回到過去的感受，裡面的每一位理髮師都擁有豐富的經驗，很多人年紀都已經不小了呢。來這邊做臉、洗頭，真的是相當放鬆，而且高貴不貴，要體驗老派紳士風的理容服務，到東來就沒錯了。

現在想想，打棒球這麼多年，跟著球隊南征北討，台灣都不知道繞了幾圈了，幾乎每個縣市都有一些人事物是自己會想起來的記憶，因為棒球把我跟他們的故事串在了一起。

在所有的場邊記憶中，最特別的應該是花蓮。不僅因為花蓮是我的故鄉，近幾年我也花了些時間爬梳花蓮棒球的歷史，對這片土地有很不一樣的情感。二〇一九年五月，我跟著研究所的教授和同學一起到花蓮踏查，當時我將能高團可能走過的路、當年可能生活的脈絡，設計出踏查的地圖，並在東華大學郭俊麟副教授協助下，將這份地圖與花蓮縣「國家文化記憶庫」的計畫相結合，希望未來喜歡棒球的朋友到花蓮觀光時，能透過這個地圖進行棒球歷史的小旅行，也很期盼未來能在花蓮設立棒球生態博物館，重新連結花蓮與棒球的人文記憶。這個花蓮生態博物館（踏查地圖）的概念，用圖片放在雲端讓大家下載：https://pse.is/HLbaseball，希望能讓大家去花蓮時，有更多不同的深度旅行回憶。

對你們來說，那些球場邊的記憶，又是什麼呢？

天母棒球場

忠誠牛肉麵：這應該是天母一帶的美食代表了，牛肉大塊，分量很多，適合大胃王。

茉莉漢堡：我最喜歡的漢堡店，一定要吃牛肉起司漢堡加牛肉醬薯條！

一品巧廚：老闆娘一年四季都頂著招牌爆炸頭，超可愛！記得喝上一鍋醃篤鮮。醃篤鮮是上海菜，「醃」代表醃製過的鹹肉，「篤」是煨煮這鍋湯時，因為湯汁的沸騰滾動發出的「嘟嘟」聲，「鮮」是指新鮮的肉類，也代表著這鍋湯的鮮美。

興蓬萊排骨：我會為了排骨特地跑去買，不為別的，就是排骨。

圖一：天母棒球場

圖二：台北大巨蛋

台北大巨蛋

東區粉圓、粉圓大王：兩家其實蠻接近的，覺得他們碎冰吃起來很過癮，偶爾經過我也會買一些到辦公室跟同仁分享。

湄河泰國料理：這家店開了相當久，應該可以說是老店了，口味相當道地，整個用餐環境與服務都很好。

新莊棒球場

老葉牛肉麵：這家麵店應該是很多輔大學生的記憶，老闆總是笑口常開，這家店的特色是麵要自己端、小菜要自己切，什麼都要自己來！

老店豬血湯：豬血有夠大塊，大腸給得有夠多，但要忽略掉他現場沒這麼乾淨這件事情……

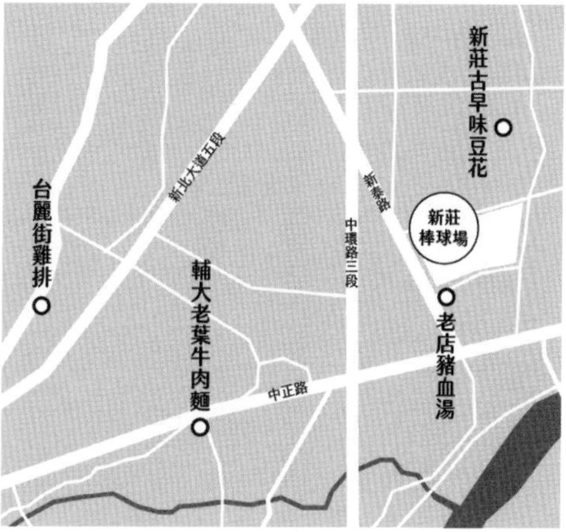

圖三：新莊棒球場

樂天桃園棒球場

桃園球場是在二〇一一年Lamigo認養球場後，才安排了主場的賽事，在這之前幾乎沒有在這裡比賽過，而且前幾年球場周邊幾乎還沒開發，附近沒有什麼

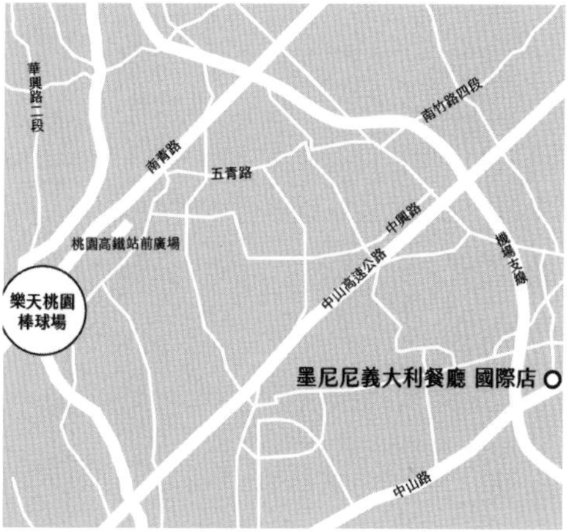

圖四：樂天桃園棒球場

可以去踩點的地方。距離球場一段路的墨尼尼義大利餐廳則是阿姨開的店，餐廳環境很不錯，食物分量大，是很適合聚餐的地方。

台中洲際棒球場

鵝房宮：學長帶我去吃的日料，在傳統市場吃無菜單日料，隔壁有賣鵝肉，吃鵝肉也吃日料，很特別。

圖五：台中洲際棒球場

肉蛋吐司：距離球場並不近，我知道，但為了這肉蛋吐司我會特地開車半小時去買！

嘉義市立棒球場

林聰明砂鍋魚頭：我從林聰明開始吃，吃到現在他女兒林佳慧接掌事業，並且成立了副品牌「小聰明」還是繼續吃。

林佳慧幾年前成立了「嘉義女流會社」，在疫情期間帶著許多在地特色商家突破困境，讓許多店家都能以自我特色找到自己的市場定位，她很努力在為

圖六：嘉義市立棒球場

嘉義的店家整合與創造更多價值與商機。林佳慧不僅是將林聰明砂鍋魚頭的品牌整合做大，而是同時用自己的專長與資源照顧了更多的店家，這樣的思維讓我相當佩服！

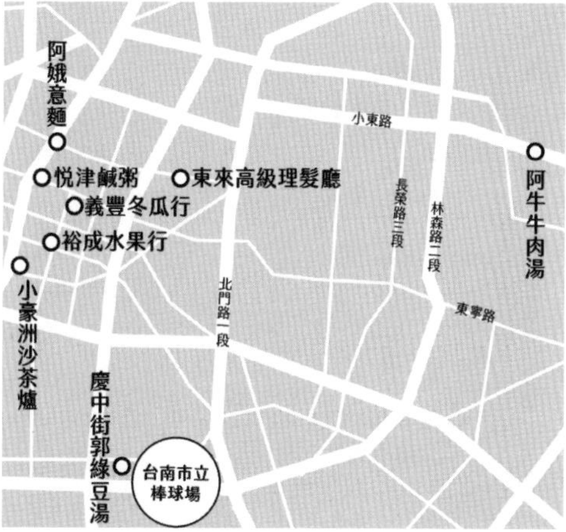

圖七：台南市立棒球場

台南市立棒球場

阿娥意麵：以前球隊到台南比賽都會安排入住天下飯店，阿娥意麵就位在飯店附近，賽後就會散步或是騎腳踏車過去填飽肚子。

東來高級理髮廳：超老派的理容院，這在台灣已經相當少見，建議大家一定要來感受一下這種超有時光感的理容服務啊！

悅津鹹粥：離天下飯店不太遠，騎腳踏車就能抵達，重點是二十四小時都有營業，即使比賽打到半夜，我都還能吃上一碗熱呼呼的粥哪！

高雄澄清湖棒球場

港園牛肉麵：球隊到高雄比賽，近幾年是住在鹽埕區的飯店，距離港園牛肉麵很近，在地熟門熟路的學長就會帶我們來吃。

劉家酸白菜火鍋：兄弟隊到高雄比賽時，常住在左營區的飯店，離劉家酸白菜火鍋就蠻近的。我蠻喜歡吃火鍋的，能同時吃到很多菜跟肉，熱呼呼的相當過癮，酸白菜的味道又頗能開胃，當然這家也是學長帶路的！

圖八：高雄澄清湖棒球場

陳媽媽古早麵：會來到陳媽媽古早麵，是因為這是朋友的姐姐開的，每次到高雄打球也會儘量抽空來看看老朋友，敘敘舊。陳媽媽的乾麵很推薦，真的是古早味，吃不膩！

花蓮德興棒球場

身為花蓮人，其實回到花蓮幾乎都是回家，很少去外面吃。所以花蓮這幾家店大概都是觀光客常會去光顧的店家，有時候朋友到市區找我，大概就會去這幾個店家走走，王記就是屬於能聊天喝茶、坐很久的泡沫紅茶店了。要推薦的反而不在地圖上，是我棒球隊教練陳劍榮開的劍柔山莊，菜色都是阿美族的私房料理，記得要先預約唷！

圖九：花蓮德興棒球場

BO0298Y

GAME ON! 周思齊的九局下半
棒球教會我的那些事【引退珍藏版】

作　　者／周思齊
文字整理／周汶昊 Wen-hao Winston Chou
責任編輯／簡伯儒、鄭凱達
版　　權／翁靜如、吳亭儀
行銷業務／周佑潔、王　瑜、林詩富、吳藝佳

總 編 輯／陳美靜
總 經 理／彭之琬
事業群總經理／黃淑貞
發 行 人／何飛鵬
法律顧問／元禾法律事務所　王子文律師
出　　版／商周出版
115020台北市南港區昆陽街16號4樓
電話：(02) 2500-7008　傳真：(02) 2500-7579
E-mail: bwp.service @ cite.com.tw
發　　行／英屬蓋曼群島商家庭傳媒股份有限公司　城邦分公司
115020台北市南港區昆陽街16號8樓
讀者服務專線：0800-020-299　24小時傳真服務：(02) 2517-0999
讀者服務信箱E-mail: cs@cite.com.tw
劃撥帳號：19833503　戶名：英屬蓋曼群島商家庭傳媒股份有限公司城邦分公司
訂購服務／書虫股份有限公司客服專線：(02) 2500-7718；2500-7719
服務時間：週一至週五上午09:30-12:00；下午13:30-17:00
24小時傳真專線：(02) 2500-1990；2500-1991
劃撥帳號：19863813　戶名：書虫股份有限公司
E-mail: service@readingclub.com.tw
香港發行所／城邦（香港）出版集團有限公司
香港九龍土瓜灣土瓜灣道86號順聯工業大廈6樓A室
E-mail: hkcite@biznetvigator.com
電話：(852) 25086231　傳真：(852) 25789337
馬新發行所／城邦（馬新）出版集團 Cite (M) Sdn. Bhd.
41, Jalan Radin Anum, Bandar Baru Sri Petaling, 57000 Kuala Lumpur, Malaysia.
Tel: (603) 90563833　Fax: (603) 90576622　E-mail: services@cite.my

封面設計／蔡南昇
印　　刷／韋懋實業有限公司
經 銷 商／聯合發行股份有限公司　電話：(02) 2917-8022　傳真：(02) 2911-0053
地址：新北市新店區寶橋路235巷6弄6號2樓

■ 2019年03月07日初版1刷
■ 2024年07月23日二版1.7刷
Printed in Taiwan

定價：450元（紙本）／310元（EPUB）

ISBN: 978-626-390-154-4（紙本）／978-626-390-150-6（EPUB）

城邦讀書花園
www.cite.com.tw

國家圖書館出版品預行編目（CIP）資料
GAME ON! 周思齊的九局下半：棒球教會我的那些事／周思齊著. -- 二版. -- 臺北市：商周出版：英屬蓋曼群島商家庭傳媒股份有限公司城邦分公司發行, 2024.07
面；　公分
ISBN 978-626-390-154-4（平裝）
1.CST: 自我實現　2.CST: 職業棒球　3.CST: 成功法
177.2　　113006579

線上版讀者回函卡

王光輝、黃忠義、王光熙、陳義信光榮回鄉的紀念簽名卡

光復少棒隊的成員合影

兒時的我與曹錦輝及陳劍榮老師

PARTI.
一壘——相信成功的自己

這是我人生中第一次上台北，領取郭源治獎學金

我高中住校時期的室友，林英傑

生涯第一座個人獎項！（全國少棒聯賽全壘打獎）

參觀日本高校棒球聯盟

高苑時期拿下金龍旗冠軍的成員合影

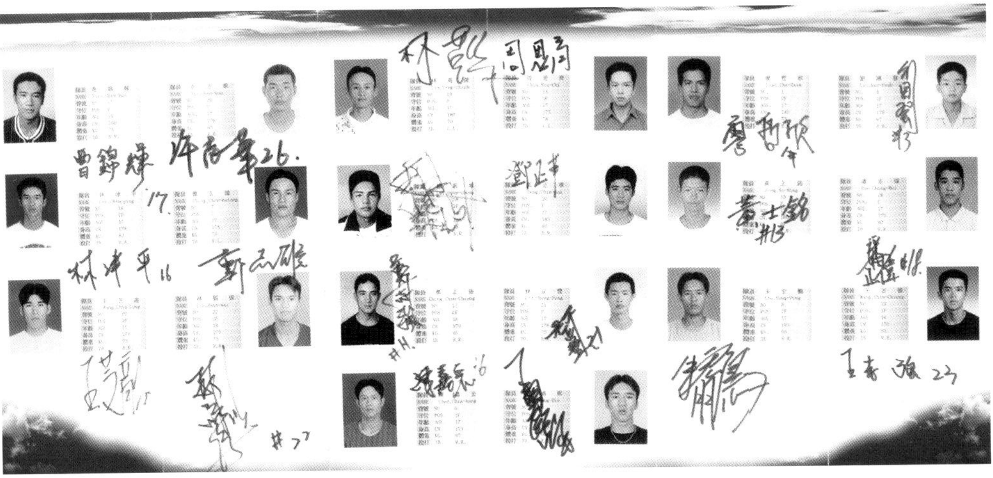

綠色怪物時期的隊友們

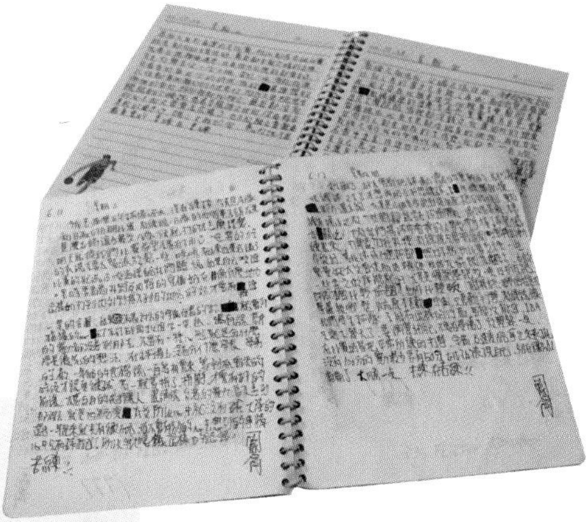

高苑時期每天都寫下的訓練日記

這是我首次登上報紙的簡報，每一次的報導，
我都會剪下做為紀念

中華培訓隊時期，去參觀大聯盟雙城隊主場的球賽

中華培訓隊時期的留影（後面的人可是余賢明喔）

PART2.
二壘——跨越夢想的大門

世界大學棒球錦標賽的中華隊成員合照

2001年，我們拿下亞錦賽金牌後，與陳水扁的合照

這套球衣有人知道嗎？
這是九禾龍隊的球衣

誠泰主場球衣

誠泰客場球衣

黑米事件時，我到板橋地檢署出庭作證

在誠泰的菜鳥時期

剛進入兄弟時的青澀模樣

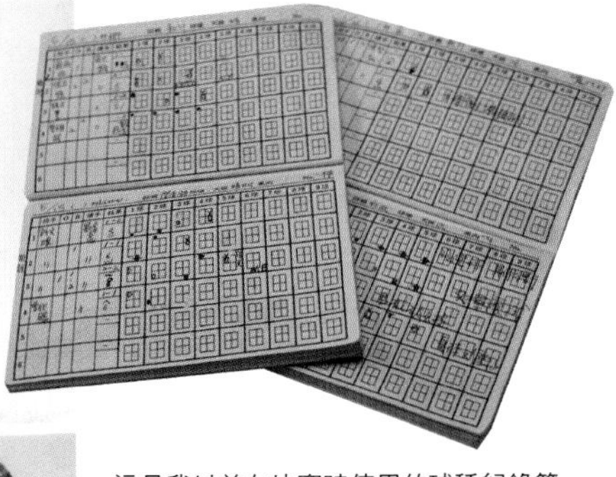

這是我以前在比賽時使用的球種紀錄簿，上面密密麻麻記滿了我每場比賽面對的投手與球種、成績

2015 年，兄弟拿下中職 26 年下半季冠軍的賽後合影

2015 年，達成生涯的第 1000 支安打

PART3.
三壘——勇不放棄的戰鬥

2016 年，在大家的努力下，順利在上半季封王

2017年，我擊出了生涯的第100支全壘打

2018年，在我單場雙轟之下，
不只奪下了單場MVP，更達成
生涯700分打點

2018年的8月2日，這是我生涯首度的三響砲

我擔任「閱讀全壘打」的公益活動代言人，為小朋友們閱讀故事

PART4.
本壘——另一場人生比賽

成立球芽基金後，我們設置公益箱，與許多店家合作一起做公益募集發票

跟王威晨一起擔任「閱讀全壘打」代言人，一起為小朋友講故事，傳達閱讀的重要性

帶領球芽小朋友們與文山社區棒球隊的賽前熱身

第三屆棒球獎學金的頒獎典禮

與文山社區棒球隊賽後的晚間餐會

2018年的球芽第5屆頒獎典禮，我邀請了陳俊秀來擔任頒獎嘉賓，並透過座談會，勉勵球芽的小朋友們

球芽成立至今，我們總算成功地幫助了
第一批的兩位小球芽前往日本留學

第五屆中職球員工會理事長交接儀式上，
正式從胡金龍的手上接棒

球員工會舉辦的座談會上，
與小球員們分享一路走來的心路歷程

2019 年到花蓮文化局圖書館展覽的「能高團棒球史文物照片展」，在現場和林桂興立牌合照

PART5.
九局下半——開啟下一個階段

2019 年和國立臺灣師範大學臺灣史研究所師生，一起到花蓮進行歷史考察

2020 年我和隊友王威晨以及主持人楊正磊，在淡水基督長老教會進行分享會

2021 年球芽基金和花蓮文化局合作辦理的「能高百年回顧展」

2022年球芽第9屆頒獎典禮，我和隊友官大元一起頒發豐富的獎品給獲獎的球芽小朋友

2023 年第 15 屆重光盃全國少棒賽閉幕典禮，跟冠軍隊龜山國小棒球隊小朋友，一起分享金牌的喜悅

2024 年 3 月 15 日引退記者會，邀請老朋友回球場參與我的最後一個球季

2024 年舉辦《棒球場的歷史與養護入門全書》新書分享會，現場和所有球迷、書迷們大合影

千錘百鍊，2024年6月16日達成千安百轟百盜紀錄